Gegen das Vergessen

Ihrer Stimme Gehör geben

Gegen das Vergessen

von

Bernhard Füßl und Sylvia Seifert

Überlebendenberichte ehemaliger Häftlinge des KZ Flossenbürg

Arbeitsgemeinschaft ehemaliges KZ Flossenbürg e.V. (Hg.)

PAHL-RUGENSTEIN

Pahl-Rugenstein Verlag Nachfolger GmbH
Breite Straße 47, 53111 Bonn
Tel. 0228/632306 Fax 0228/634968
E-Mail: prv@che-chandler.com

ISBN 3-89144-329-3

Druck: Interpress, Budapest

Umschlagbild: Bruno Furch (Überlebender des KZ Flossenbürg), Staatsfeinde, Kohle 1946
Rückseite: Gedicht von Josef Wana (zit. nach: Gedichte des aus dem Konzentrationslager Flossenbürg befreiten politischen Häftlings Josef Wana, o.O., o.J.).

„Ihrer Stimme Gehör geben – Überlebendenberichte ehemaliger Häftlinge aus dem KZ Flossenbürg" werden herausgegeben von der
Arbeitsgemeinschaft ehem. KZ Flossenbürg e.V.
Rote-Hahnen-Gasse 6, 93047 Regensburg
Verantwortlich: Dr. Hans Simon-Pelanda

Dieses Buch erscheint mit finanzieller Unterstützung durch:
Europäische Kommission, Brüssel
Arbeitsamt Regensburg

Die Deutsche Bibliothek – CIP-Einheitsaufnahme

Ein Titeldatensatz für die Publikation ist bei
der Deutschen Bibliothek erhältlich.

Inhalt

Zum Geleit

„Das Vergangene ist nicht tot; es ist nicht einmal vergangen", so beginnt die DDR-Schriftstellerin Christa Wolf ihren Roman „Kindheitsmuster", und sie fährt fort: „Wir trennen es von uns ab und stellen uns fremd." Dass traumatische Erfahrungen der Vergangenheit nicht dem Vergessen anheim fallen, sondern weiter gegeben werden, ist das Anliegen der „Arbeitsgemeinschaft ehem. KZ Flossenbürg", die sich – nicht nur in dem vorliegenden Band – darum bemüht, der Stimme der Überlebenden Gehör zu geben.

Vor uns liegt der Versuch, eine Form zu finden, die es den von den Nationalsozialisten zu Nummern degradierten ehemaligen Gefangenen ermöglicht, ihre persönliche Geschichte zu berichten. Es ist dies auch der Versuch, in unserer Gesellschaft ein Bewusstsein dafür zu schaffen, dass die, die gelitten haben, Menschen wie „du und ich" sind, Menschen, die eine persönliche Identität vor und während ihrer Versklavung entwickelt hatten und deren Biographie sich auch nach dieser bestialischen Erfahrung fortsetzte.

Um die Erfahrungen dieser Zeitzeugen lebendig zu erhalten, hat die „Arbeitsgemeinschaft ehemaliges KZ Flossenbürg" die Methode der Oral History gewählt. Oral History, am besten übersetzt mit mündlich überlieferte oder auch kommunikative Geschichte, versucht, Geschichte nicht nur durch die Ansammlung scheinbar objektiver Fakten zu rekonstruieren, sondern bewusst Erfahrungen und Erlebnisse der „kleinen Leute" in die historische Spurensicherung einzubeziehen. Sie vermeidet damit die Kälte bloßer Fakten und falsche Sachlichkeit und ermöglicht damit denjenigen, die die Zeit des Nationalsozialismus nicht mehr erlebt haben, sich dem Thema Nationalsozialismus über das Miterleben individueller Schicksale leichter zu nähern.

Als „Geschichtsschreibung von unten" hat Oral History in den letzten Jahrzehnten zunehmend an Bedeutung gewonnen. Dabei wird diese Methode nicht als Ersatz, sondern als Ergänzung oder Ausgangspunkt zur so genannten wissenschaftlichen Geschichtsschreibung aufgefasst. Mündliche und schriftliche Überlieferung selbst erlebter Ereignisse sind mit diesem methodischen Zugriff zu einer der wichtigsten Quellen bei der Aufarbeitung der NS-Geschichte geworden.

In zahlreichen Veröffentlichungen, die auf dem Ansatz der Oral History basieren, wird oft auf Aussagen „bedeutender" Persönlichkeiten der Zeitgeschichte zurückgegriffen – sowohl auf der Opfer- als auch auf der Täterseite. Tätern wurde auf diese Weise, beispielsweise in Prozessen – gewollt oder ungewollt – das Privileg eingeräumt, auch noch nach der NS-Herrschaft Geschichtsschreibung zu beeinflussen. Dem setzt die vorliegende Dokumentation die Aussagen der Opfer entgegen. Die hier zu Wort kommenden Überlebenden bringen als letzte Zeugen dieses (fast) vergessenen KZs ihr Leiden, ihr ganz subjektives Empfinden und ihre individuellen Erinnerungen in die Gespräche ein und „begradigen" traditionelle Geschichtsschreibung. Mit einer solchen Veröffentlichung wird vor allem den in der Erinnerungskultur der Bundesrepublik bisher vernachlässigten Opfern der osteuropäischen Länder ein Forum geschaffen, über ihre eigene Geschichte zu schreiben und zu sprechen.

In den Interviews rufen sich die Überlebenden oft schmerzvolle Erinnerungen ins Gedächtnis, lange Verdrängtes und traumatische Erfahrungen werden wieder präsent, die für sie selbst im Gespräch zu teilweise erheblichen Belastungen führen. Solche Gesprächssituationen werden gelegentlich mit einer psychoanalytischen Therapiesituation verglichen, in der der Interviewte sich bisher verdrängter Tatsachen bewusst wird, die er in der Erzählung dann verarbeitet. Insofern ist der Prozess des Erzählens nicht nur für die Rekonstruktion von Geschichte bedeutend, sondern kann im Sinne einer „Katharsis" (=Reinigung) oft unter großen Schmerzen auch psychisch befreiend wirken.

Die vorliegende Sammlung von Berichten und Interviews mag man sich in der Schule in zahlreichen Fächern gern als Unterrichtsgegenstand vorstellen: Mit Gewinn kann sie in den Fächern Deutsch, Philosophie, Ethik, Sozialkunde und selbstverständlich in Geschichte zur Arbeitsgrundlage für junge Menschen werden. In diesem Sinne wünsche ich ihr, dass ihre Leser diese im wahrsten Sinne des Wortes aus tiefstem Herzen erzählte Geschichte mit offenen Sinnen aufnehmen mögen.

Univ.-Prof. Hanns-Fred Rathenow

Institut für Gesellschaftswissenschaften
und historisch-politische Bildung
Technische Universität Berlin

Vorbemerkung

Entstehungszusammenhang des Materials

Mehr als 50 Jahre nach Kriegsende weist die Geschichtsschreibung über die nationalsozialistischen Konzentrationslager noch immer große Lücken auf. Dies ist auf einen Mangel an schriftlichen Quellen zurückzuführen, bedingt u.a. dadurch, dass die SS kurz vor Räumung oder Befreiung der Konzentrationslager die Akten der Kommandantur sowie umfangreiches Karteien- und Listenmaterial vernichten ließ, um die Spuren der verübten Verbrechen zu verwischen. Überlieferte Dokumente der Täter hingegen zeigen oftmals eine Tendenz der Verfälschung oder einseitigen Berichterstattung, sofern sie zugänglich sind.

Aus diesen Überlegungen heraus bemüht sich die Arbeitsgemeinschaft ehem. KZ Flossenbürg e.V. (ArGe) seit ihrem Bestehen, gezielt jedoch seit 1995, ehemalige Gefangene des KZ Flossenbürg und seiner über 100 Außenlager zu befragen, um ihre Erinnerungen in Interviews festzuhalten. Ziel der Überlebendentreffen der Jahre 1995 und 1997 war es daher einerseits, den Überlebenden, gerade aus den osteuropäischen Ländern, erstmals die Möglichkeit zu bieten, über ihre traumatischen Erlebnisse im Lagersystem der Nationalsozialisten zu sprechen, andererseits, ihre Erinnerungen als eine zusätzliche Informationsquelle neben den Dokumenten der Täter zur Rekonstruktion des Geschehenen zu nutzen. Gleichzeitig hatten die Überlebenden, ausgehend von ihren Erfahrungen, erstmals die Möglichkeit, Forderungen bezüglich der künftigen Gestaltung der KZ-Gedenkstätte Flossenbürg zu formulieren, die sich 1997 in einer Resolution[1] der Verbandssprecher/innen der Überlebendenverbände niederschlugen.

Ausgehend von diesen Erfahrungen mit Oral History wurde ein Fragebogen entwickelt, der seit den neunziger Jahren an Überlebende verschickt wird, denen aufgrund des hohen Alters und gesundheitlicher Einschränkungen die Strapazen einer solchen Reise nach Flossenbürg nicht mehr zugemutet werden können. Viele der Überlebenden sind mittlerweile verstorben, so dass ihre Erinnerungen unwiederbringlich verloren sind, soweit sie nicht aufgeschrieben wurden. Darüber hinaus dokumentiert die ArGe Überlebendenberichte, die von Dritten erstellt worden sind, um sie der Öffentlichkeit zugänglich zu machen (Ernst Nonnenmacher, Odette Spingarn).

Hierauf baut das einjährige Projekt „Erinnerung an das KZ Flossenbürg bewahren“ auf, in dem mehr als 80 Überlebende aus acht Ländern gebeten wurden, ihre lebensgeschichtlichen Erinnerungen aufzuschreiben oder in einem Interview zu erzählen.

Die Auswahl der Befragten sollte die nationale Zusammensetzung der im KZ Flossenbürg inhaftierten Menschen berücksichtigen. So zeigt die zwischen 1938 und 1945 ständig gestiegene Zahl von Einweisungen in sehr anschaulicher Weise den Wandel der Zusammensetzung. Überwogen in den Jahren 1938 und 1939 deutschsprachige Häftlinge, die in der Mehrheit mit einem grünen Winkel (als Zeichen so genannten kriminellen Verhaltens) gekennzeichnet wurden, so änderte sich das Verhältnis ab 1940: Die Zahl der ausländischen Häftlinge stieg kontinuierlich mit der Besetzung der Nachbarstaaten an. Die ausländischen Häftlinge erhielten in der Regel einen roten Winkel als Zeichen eines „politischen" Häftlings, wobei die Nationalität durch ein entsprechendes Buchstabenkürzel im Winkel hervorgehoben wurde.

Im Jahre 1945 bildeten Häftlinge aus Polen, der ehemaligen Sowjetunion, Ungarn und Frankreich die größten nationalen Gruppen. Der weit überwiegende Teil dieser ausländischen Inhaftierten muss, wie aus den zahlreichen uns überlieferten Berichten Überlebender ersichtlich, als politische Häftlinge betrachtet werden. Jedoch spiegelte sich dieser Wandel nicht in der Besetzung der lagerinternen so genannten „Häftlingsselbstverwaltung" wider: Sie blieb in Flossenbürg fast ausnahmslos mehrheitlich in den Händen der „Grünwinkel".

Die Nachkriegsklassifizierung der Konzentrationslager auf Reichsebene, die beispielsweise Dachau, Buchenwald und Sachsenhausen als „politische" Lager einordnet, Flossenbürg jedoch eher als ein Lager der „Kriminellen" und so genannten „Asozialen" bezeichnet, rührt wohl in erster Linie aus dem geschilderten Sachverhalt. Maximal bis 1940/41 mag dies zutreffend gewesen sein, solange man die SS-eigene Kategorisierung von „Kriminellen und Asozialen" zugrunde legt. Nach heutigen juristischen und gesellschaftlichen Maßstäben dürfte dies, bezogen auf die damalige Häftlingsbelegschaft von Flossenbürg, selbst für die Jahre 1938-40/41 in Frage zu stellen sein.

Ziele

Ein Ziel des Projektes ist es, möglichst viele Überlebende der osteuropäischen Staaten zu befragen, die in der Vergangenheit selten ihre Stimme erhoben. Da keinem der Zeitzeugen zugemutet werden sollte, in deutscher Sprache zu antworten (sofern sie es konnten), arbeiteten wir mit zehn Übersetzer/innen, die teilweise simultan, meist jedoch nach schriftlicher Vorgabe, übersetzten. Sowohl die Transkriptionen als auch die schriftlichen Aufzeichnungen der Überlebenden werden zudem nach Nationalitäten archiviert und in einer Datenbank erfasst. Ausgelöst durch die vorangegangenen Befragungen werden uns ständig neue Adressen Überlebender bekannt. Die ArGe wird daher auch in der Zukunft die begonnene Arbeit fortführen und der Öffentlichkeit zugänglich machen.

Ein weiteres Ziel des Projektes ist es, die lebensgeschichtlichen Erinnerungen von Frauen zu sammeln, die bis dahin kaum berücksichtigt worden waren. Im KZ Flossenbürg wurden ca. 16.000 Frauen inhaftiert, die in 27 Außenlagern zur Zwangsarbeit eingesetzt waren.[2] Eine kleine Gruppe von Frauen musste ab 1943 im Bordell des Hauptlagers arbeiten.[3] Ein Großteil der Frauen und Mädchen war jüdischer Religionszugehörigkeit und kam als so genannte „Arbeitstaugliche" über das Vernichtungslager Auschwitz in Außenlager des KZ Flossenbürg, die teilweise in großer geographischer Entfernung zum Hauptlager lagen (Sachsen, Böhmen). Brenner hat in seiner 1997 erstellten Dokumentation den Anteil der jüdischen weiblichen Häftlinge ausführlich dargelegt und beziffert ihn auf etwas über 50 % (8.154 Frauen). Bezüglich der Nationalität stellen Polen, Ungarn und Russland die Hauptanteile.

Die historische Entwicklung des KZ Flossenbürg sollte, soweit dies möglich war, berücksichtigt werden, wobei alle größeren nationalen sowie religiös verfolgten Gruppen zu Wort kommen.

Die Befragung der Einzelnen wurde von vornherein nicht auf die Haftzeit im KZ Flossenbürg eingegrenzt. „Lebensgeschichtliche Erinnerungsberichte" bedeutet Lebensrückblick und meint ein zeitlich und örtlich nicht eingeengtes Interesse am Leben dieses Menschen. Die Lebensumstände vor der Verhaftung, die Gründe, die zu einer solchen führten, und der Weg durch verschiedene Haftstätten sind uns von großer Wichtigkeit. Eine Berücksichtigung findet andererseits auch die Zeit nach der Inhaftierung, die Bemühungen, sich ein neues Leben in der alten Heimat oder in der Fremde aufzubauen. Diese Ausrichtung des Materials erlaubt daher, nicht nur vielfältige Aussagen zum KZ Flossenbürg und seiner Außenlager zu machen, sondern trägt auch dazu bei ergänzende Erkenntnisse zu anderen nationalsozialistischen Haftstätten und Vernichtungslagern zu gewinnen.

Auffällig ist die häufig sehr ausführliche Darstellung des sog. Todesmarsches, den die meisten der Überlebenden als besonders drastisches Erlebnis empfanden. Dabei handelt es sich um die Evakuierungsmärsche des Hauptlagers in Flossenbürg und seiner größeren Außenlager vor den heranrückenden Alliierten. Zehntausende von Gefangenen wurden von der SS während der letzten Kriegstage in noch nicht besetzte Gebiete getrieben, Tausende kamen dabei zu Tode.

Mit der Einlieferung in das Lager waren die Betroffenen bereits in einer Situation der Ungewissheit und in einem Zustand völliger Wehrlosigkeit. Die Häftlinge litten unter ständigem Hunger und Durst, erlebten persönliche und kollektive Demütigungen, willkürliche Misshandlungen, Selektionen und Tod. Die bis zur völligen Erschöpfung zu leistende Zwangsarbeit mit harten Strafen bei für die SS nicht befriedigenden Leistungen stellte eine ständige Lebensbedrohung dar und erforderte höchste innere Anspannung.

Diese Schutzlosigkeit wurde mit der Erfahrung des „Evakuierungsmarsches", in Wirklichkeit ein Todesmasrch, auf dem sie oft tagelang durch die Gegend getrieben und der Willkür der Bewacher vollends ausgeliefert waren, noch gesteigert.

Die nachfolgende Auswahl von 15 lebensgeschichtlichen Erinnerungsberichten, die im Rahmen des Projektes durchgeführt wurden, wird ergänzt mit Dokumenten der Täter, die dem Leser eine Einordnung der biographischen Aussagen erlauben. Es wird nicht versucht, diese mündlichen Geschichtsquellen auf eine objektive Darstellung der historischen Fakten zu begrenzen, sondern vielmehr steht das Bemühen im Vordergrund, den lebensgeschichtlichen Charakter der Berichte zu würdigen und den Zeitzeugen in ihrem Erinnerungsprozess zu folgen.

Fragestellungen

Die Dokumentation versucht, die unfassbare Zahl der Opfer nicht als anonyme Masse oder als homogene Gruppe zu sehen, sondern an Hand von individuellen Lebenserinnerungen Einzelschicksale herauszugreifen und sie so als Subjekte zu sehen. Das Bestreben der SS war es, den Gefangenen Namen, Rechte und Identität zu nehmen, indem sie sie zu einer Nummer degradieren wollten. Soweit der „Lagerbetrieb" es zuließ, versuchte zumindest ein Teil der Gefangenen, ihre Identität durch politische, soziale und kulturelle Aktivitäten zu bewahren.

Mit der vorliegenden Publikation soll ein Beitrag geleistet werden, durch schriftlich und mündlich erfragte Lebensrückblicke die Vielfalt individueller Verfolgungserfahrungen und der damit verbundene Umgang während und nach der Haftzeit zu schildern. Es sind autobiographische Erzählungen, die uns die unterschiedlichen Erfahrungen von Verfolgung und Haft vor Augen führen und gleichzeitig zeigen, dass die Überlebenschancen jedes Einzelnen mitunter auch von seiner politischen, religiösen oder sozialen Herkunft abhängig waren. Die Darstellungsformen der ehemaligen Gefangenen reichen von betonter Sachlichkeit bis zu Ironie und Polemik. Sie sind Ausdruck verschiedener Formen der individuellen Aufarbeitung des Erlebten.

Ganz bewusst ist auf eine authentische und lückenlose Rekonstruktion der ausgewählten lebensgeschichtlichen Erinnerungen verzichtet worden. Lediglich an Stellen, die für einen deutschen Leser, zumal einen jungen, schwer verständlich bleiben, wurden erklärende Anmerkungen hinzugefügt. Ein Abgleichen mit anderen Archivalien wurde auf das Notwendige reduziert – lediglich Zeit- und Ortsangaben oder nähere Umstände des Geschehens wurden korrigiert oder ergänzt. Individuelle Beurteilungen, Deutungen und Vorstellungen allerdings bleiben unangetastet, um in die subjektive Sichtweise der Befragten nicht einzugreifen.

Dabei soll nicht unberücksichtigt bleiben, dass die Befragten häufig Handlungen und Geschehnisse beschreiben oder erzählen, zu denen sie in unterschiedlicher Weise Bezug hatten. Hier gilt es, die verschiedenen Perspektiven auf das Geschehene bewusst zu machen: Zum einen kann der Einzelne von Handlungen berichten, in die er selbst eingebunden war, das heißt, er hat das Geschehene persönlich erlebt und war aktiv oder passiv daran beteiligt. Andererseits wird von Ereignissen erzählt, die der Befragte lediglich als Augenzeuge beobachtete. Drittens werden Geschehnisse wiedergegeben, die er nicht aus eigener Anschauung, sondern durch Erzählung anderer in der damaligen Zeit erfahren hat. Und schließlich werden Fakten und Handlungen berichtet, die ihm erst nachträglich durch Dritte oder durch spätere Lektüre bekannt geworden sind.

Da die (mündliche oder schriftliche) Befragung der Überlebenden eine Rekonstruktion der Lebensgeschichte zum Ziel hatte, wurde dies von einigen zum Anlass genommen, Lebensweisheiten oder Wünsche für eine friedliche Zukunft an Jüngere weiterzugeben. Form und Inhalt einiger Interviews sind hiervon geprägt (sog. Testamentscharakter).

Die Frage nach dem Motiv des Zeitzeugen, sich für ein lebensgeschichtliches Interview zur Verfügung zu stellen, verbindet sich auch mit der Frage nach dem Adressaten. Ausgehend von der Verschickung der Fragebögen durch die Arbeitsgemeinschaft ehem. KZ Flossenbürg verband ein Teil der Befragten die Meinung, unser Interesse ziele vornehmlich auf die Zeit der Gefangenschaft im KZ Flossenbürg (bzw. seiner Außenlager). Diese ist häufig ausführlicher behandelt worden als die übrigen Stationen wie Zwangsarbeitslager, Gefängnis, usw. Erst durch weiteres Nachfragen, teilweise in einem persönlichen Interview, ließ sich die breite Vielfalt der Erinnerungen ans Licht holen.

Die Erinnerungsberichte schließen mit der Bitte von Frau Bogdanowa aus Russland, die auf der Suche nach ihren Eltern ist. Wir drucken diesen Bericht ab, in der Hoffnung, dass es vielleicht aus der Leserschaft einen Hinweis auf das weitere Schicksal gibt!

Besonderer Dank gebührt Herrn Dr. Hans Brenner für seine konstruktive Kritik und einschlägigen Hinweise sowie Frau Jadranka Hybner für die Übersetzung der Briefe.

September 2001

1 Abdruck auf S. 14

2 Brenner, Hans: Die Frauen in den Außenlagern des KZ Flossenbürg

3 Heigl, Peter: Zwangsprostitution im KZ-Lagerbordell Flossenbürg, in: Geschichte quer, Heft 6 (1998)

RESOLUTION

Die Präsidenten und Vorsitzenden sowie die Sprecherinnen und Sprecher der anwesenden Verbände und Gruppen der Überlebenden des ehemaligen KZ Flossenbürg aus zehn Ländern haben sich am 28. Juni 1997 anläßlich des Überlebendentreffens auf folgende Grundsätze für die zukünftige Entwicklung der Gedenkstätte geeinigt. Sie werden diese Vorschläge jeweils in ihren Ländern diskutieren und präzisieren. Sie beauftragen die „Arbeitsgemeinschaft ehemaliges KZ Flossenbürg", sie in diesem Anliegen bei den entsprechenden Behörden in Deutschland zu unterstützen:

„1. Ein jährliches Treffen der letzten Überlebenden soll jeden Mai/Juni stattfinden. Es dient dem Gedenken, gleichzeitig sollen dabei mündliche und schriftliche Erinnerungen gesammelt werden.

2. Das Informationszentrum soll zu einer Dokumentations- und Forschungseinrichtung ausgebaut werden. Die Verbände sichern zu, daß sie ihre Dokumente und Erinnerungsstücke sammeln und einer solchen Einrichtung zur Verfügung stellen werden. Vorrangig sind eine Adressenliste der Überlebenden und eine Kartei der Verstorbenen anzulegen.

3. Eine besonders wichtige Zielgruppe sind für uns die jungen Menschen. Wir können die Vergangenheit nicht vergessen, aber wir müssen ihre Wiederkehr verhindern. Damit wir unsere Erfahrungen weitergeben können, muß die pädagogische Arbeit verstärkt werden. Hierfür sind geeignete Konzepte nötig.

4. Erwachsene, vor allem Lehrerinnen und Lehrer, Erzieherinnen und Erzieher, sollten sich in der Gedenkstätte Flossenbürg fortbilden können. Dazu wird entsprechendes Material zur Verfügung gestellt.

5. Dieses Dokument wird in die Sprachen der nationalen Gruppen übersetzt und zur weiteren Diskussion verschickt, damit konkrete Schritte in jedem Land eingeleitet werden können."

Flossenbürg, den 28. Juni 1997

Es folgen die Unterschriften von

Milos Volf (CZ), Präsidium des „Verbands der Freiheitskämpfer"
Jakob Silbermann (Isr), Sprecher der Überlebenden des KZ Flossenbürg
Svetozar Gucek (Slo), Sprecher der Überlebenden des KZ Flossenbürg
Georgij Semenjak (Rus), Vorsitzender des „Regionalverbands ehem. KZ-Opfer (St. Petersburg)"
Jekaterina Dawydenkowa (Rus), „Regionalverband ehem. KZ-Opfer (Moskau)"
Gianfranco Mariconti (Ita), Sprecher der Überlebenden des KZ Flossenbürg
Witalij Katschanowski (Ukr), Vorsitzender des „Verbands ehemaliger Widerstandskämpfer"
Elena Teodoru (Rum), Sprecherin der Überlebenden des KZ Flossenbürg
Roger Becker und
Charles Dekeyser (Bel), Sekretär des „Verbands der Überlebenden des KZ Flossenbürg"
Leo Mistinger (Oes), Ehrenvorsitzender des „Bundes sozialdemokratischer Freiheitskämpfer"
Waldemar Szatanowski (Pol), Vorsitzender des „Verbands der polnischen Widerstandskämpfer"
(Gruppe Flossenbürg)

Briefe gegen das Vergessen

Воспоминание Фоминой /Мочченко/
Марии Федоровны, бывшей узницы концлагерей
Освенцим /Аушвиц/ и филиал Флоссенбурга команда Миттвейда, лагерный № 55500. Родилась 01.09.
1926г. в Николаевской обл. Ново-Одесский р-н село
Себино. До ареста я жила с мамой и двумя
сестрами. В 1941г. окончила 7 классов, цель в
моей жизни была учиться, война помешала моей
мечте. пережив концлагеря, по состоянию здоровья учится я не смогла. В 1943г. в августе
м-це я была арестована за помощь военопленным, месяц находилась в тюрьме в г. Николаеве.
В сентябре м-це увезли из тюрьмы в неизвестном
для меня направлении. На территории Польши
сделала побег из транспорта, в г. Жешув
была задержана и арестована, отправлена
в Жешувскую тюрьму.
Из тюрьмы Жешува перевезли в тюрьму г. Тарнов, затем отправили в концлагерь Освенцим
/Аушвиц/.
Освенцим это громадная фабрика смерти, попавшие люди в лагерь без суда и приговора были обречены на смерть.
Только немногие, чудом выжившие, были освобождены Красной Армией.
Лагерь находился вблизи Карпатских гор, местность болотистая, климатические условия плохие.
Лагерь был обведен глубоким зацементированым
рвом и оцеплен густой сетью колючей проволоки,
через которую пропускался ток высокого напряжения.

1. Brief von Frau Marija F. Fomina vom 6. Februar 2000

Marija Fjodorowna Fomina

Die Erinnerungen von Fomina / Montschenko Marija Fjodorowna, ehemalige Gefangene des Konzentrationslagers Oswencim / Auschwitz und einer Filiale von Flossenbürg, Kommando Mittweida, Lagernummer N 55500.

Ich wurde am 01.09.1926 im Gebiet Nikolajewskaja, im Dorf Sebino (Ukraine) geboren. Bis zu meiner Verhaftung lebte ich zusammen mit Mama und zwei Schwestern. 1942 beendete ich die siebte Klasse. Ich wollte studieren, doch der Krieg zerstörte meinen Traum. Nachdem ich im Konzentrationslager gewesen war, erlaubte mein Gesundheitszustand kein Studium mehr.

Im August 1943 wurde ich durch das Verschulden eines Kriegsgefangenen verhaftet. In der Stadt Nikolajew bin ich einen Monat im Gefängnis gewesen. Im September brachte man mich vom Gefängnis in eine unbekannte Richtung. Auf polnischem Territorium wagte ich die Flucht aus dem Transportzug. In der Stadt Sheschuw wurde ich aufgehalten, verhaftet und in das Gefängnis von Sheschuw überführt.

Vom Gefängnis Sheschuw aus brachte man mich ins Gefängnis der Stadt Tarnów, anschließend ins Konzentrationslager Oswiecim/Auschwitz.[1]

Auschwitz war eine gewaltige Todesfabrik. Die Menschen, die ohne Gerichtsverhandlung und ohne Urteil in dieses Lager kamen, waren zum Tode verurteilt.

Nur sehr wenige, die wie durch ein Wunder am Leben geblieben waren, wurden von der Roten Armee befreit.

Das Lager befand sich in der Nähe der Karpaten, die Gegend war sumpfig, die klimatischen Bedingungen schlecht. Das Lager war von einem tiefen, zementierten Graben umgeben und von einem dichten Netz aus Stacheldraht, der unter Hochspannung stand, eingezäunt.

Nachder Ankunft im Lager wurden zuerst auf die linke Hand fortlaufende Nummern gestochen – meine Nummer ist N 63688 –, die Haare rasiert, man mußte gestreifte Kleidung anziehen und wurde auf die Blocks verteilt. So begann das Lagerleben.

Morgens wurden wir früh geweckt und mußten uns bei jedem Wetter halb angezogen, ohne Strümpfe zum „Appell“ auf dem Platz aufstellen, wo wir früh und abends gezählt wurden.

Die Verpflegung war schlecht, die Essensrationen waren erbärmlich, die Menschen starben an Auszehrung.

Gequälte, total erschöpfte Menschen zwang man zur Arbeit.

Im Lager gab es den Block N 10, in dem die Nazis medizinische Experimente mit den Leuten anstellten, die zu Tod, Verstümmelung oder Invalidität führten.

In Auschwitz lebten auch Kinder. Für sie war es schwer, das Lagerregime und übermenschliche Leiden und Quälereien auszuhalten. Auch die Kinder wurden medizinischen Experimenten unterzogen. Ihnen wurde Blut abgenommen für verwundete Soldaten.

Wenn es kalt wurde, grassierte im Lager Typhus. Die Kranken wurden in die Krematorien gebracht. In Auschwitz arbeiteten die Krematorien Tag und Nacht, v.a. 1944. Ins Lager kamen täglich drei bis fünf Eisenbahntransporte, bei jedem Transport kamen zwischen 1500 und 3000 Menschen.

Aus jedem Transport suchten die Faschisten 200 bis 500 Personen, die körperlich gesund und arbeitsfähig waren, zur Arbeit im Lager heraus. Die anderen wurden zu den Gaskammern gebracht, v.a. die jüdische Bevölkerung. (...)

In Auschwitz gab es auch ein Zigeunerlager. Ende September 1944 wurden alle Zigeuner innerhalb von 24 Stunden verbrannt.

Als sich die sowjetischen Streitkräfte näherten, versuchten Hitlers Gesellen die Spuren ihrer Verbrechen zu verwischen. Im September 1944 begannen Hitlers Schergen die Häftlinge mit Eisenbahntransporten in andere Konzentrationslager überzuführen.

Am 1. Oktober 1944[2] brachte man mich ins Konzentrationslager Flossenbürg, Kommando Mittweida. In Mittweida befanden sich 500 Personen. Es herrschte das gleiche Regime wie in Auschwitz, nur gab es in diesem Lager kein Krematorium.

Wir waren in Blöcken untergebracht, die Verpflegung war schlecht. Schwache, kranke Menschen mußten in der Fabrik arbeiten, die sich neben dem Lager befand. Wir arbeiteten 12 Stunden am Tag in zwei Schichten.

Eine Zufluchtsstätte (oder Schutzkeller) im Lager gab es nicht. Im Lager gab es einen Appellplatz zur Aufstellung der Gefangenen in Kolonnen beim Appell, wo wir oft im Winter ohne Rücksicht auf das Wetter halb bekleidet und barfuß, gerade von der Nachtschicht kommend, zur Strafe stehen mußten. Einer hatte einen Fehler begangen, alle wurden bestraft. Ein Block im Lager war für die Kranken bestimmt. Es gab auch ein Bad, eine Küche war da, aber nicht für uns.

In der Fabrik waren die Bedingungen nicht schlecht.

Die Häftlinge untereinander waren befreundet, unterstützten und halfen sich gegenseitig.

Die Wachen waren grausam, sie schlugen oft ohne Grund, v.a. die Frauen, die Aufseherinnen, waren sehr grausam. Im Lager gab es eine Aufseherin, sie war Finnin, die sehr brutal war. Sie schlug die Häftlinge ohne Grund und sehr fest. Ein österreichischer Aufseher war gut.

Die Häftlinge haben mit den Wachen nicht zusammengearbeitet.

Einmal ist ein Mädchen aus der Fabrik weggelaufen. Nach einer Woche wurde sie ins Lager zurückgebracht. Man schlug sie hart mit der Peitsche, dann brachte man sie für drei Tage und Nächte in einen Bunker. Als sie wieder aus dem Bunker herauskam, bot ihr der Kommandant des Lagers eine doppelte Portion Mittagessen an, was sie trotz starken Hungers ablehnte.

Während des Aufenthaltes in Mittweida machten wir alle dreimal einen Boykott. Wir weigerten uns zu essen und zu arbeiten. Oft haben wir den SSlern nicht gehorcht, wofür man uns bestrafte.

Musik gab es im Lager nicht. Informationen haben wir von keinem erhalten und niemandem weitergegeben.

Als man uns ins Lager brachte, wollten russische Mädchen, die sich in Freiheit befanden, für uns durch den Stacheldraht Lebensmittel werfen, doch die Wachen ergriffen sie und nahmen sie wahrscheinlich fest.

Am 14. April 1945 führte man uns zur Arbeit, aber in der Arbeit ließen sie uns nicht rein, und man brachte uns ins Lager zurück.

Am Abend wurden wir auf dem Platz in einer Kolonne aufgestellt, und der Kommandant erklärte uns: Wir werden heute das Lager verlassen, wer möchte im Lager zurückbleiben? Alle schwiegen. Jeder wußte, daß sie keinen lebend im Lager zurücklassen würden. Sie warnten uns, jeder, der aus seiner Fünferreihe treten oder zurückbleiben würde, würde erschossen werden. Das war der Todesmarsch. Menschen, die total erschöpft waren und sich kaum auf den Beinen halten konnten, wurden zu Fuß gejagt. Die Schwachen, die die Fähigkeit verloren hatten zu gehen, wurden von der SS erschossen. 15 Stunden jagten sie uns zu Fuß. Zu unserer Kolonne von Häftlingen stießen auch andere aus den anderen Filialen.

Am 15. April luden sie uns in Güterwaggons. Die Waggons waren ohne Dach, wir froren. Wir hatten keine Ahnung, wohin man uns bringen würde. Wir fuhren ca. 50 bis 70 km, dann blieben wir für drei bis vier Tage auf einem Abstellgleis stehen. Anschließend fuhr man uns zu einem anderen Abstellgleis. Zu essen gab man uns gar nichts, wir ernährten uns von Gras.

Am 27. April waren wir in der Tschechoslowakei. Die Tschechen wußten von unserem Transport, sie brachten uns Essen. Doch wir durften nicht viel essen nach so langem Hungern. Wer es nicht aushielt und viel aß, starb bald darauf. Am 2. Mai 1945 erreichten wir Prag. Die Tschechen teilten uns mit, daß die sowjetischen Streitkräfte Berlin eingenommen hätten. Wir aber befanden uns unter der Machtgewalt der SS.

Am 2. Mai fuhr man uns auf ein Abstellgleis, wo wir bis zum 8. Mai blieben. Auf diesem Abstellgleis hat die SS viele erschossen, v.a. junge Männer. Am 8. Mai fuhr man uns vom Abstellgleis herunter. Doch bald auf freiem Feld befreiten uns die Tschechen, in der Nähe von Ceské Budejovice (Budweis).

Am 14. Mai kamen sowjetische Streitkräfte und schafften uns ins Hospital, wo wir unter Aufsicht von Ärzten standen. Man pflegte uns gesund, gab uns reichlich zu essen. Wir kamen wieder zu Kräften, und man schickte uns zurück in die Heimat. Ich kam in das Nikolajewsker Gebiet, in das Dorf Sebino.

1946 zog ich nach Charkow, um mich dort auf Dauer niederzulassen. 1949 habe ich geheiratet, ich habe zwei Kinder, einen Sohn und eine Tochter.

Ich habe die ganze Zeit als Schneiderin in einem Modeatelier gearbeitet. Jetzt bin ich in Pension. Mein Mann ist bereits gestorben. Ich bin Mitglied des Charkower Bezirksrates der ukrainischen Organisation der antifaschistischen Widerstandskämpfer. Außerdem bin ich Mitglied im Büro unseres Rates. Meine Aufgabe ist es, Kranke zu besuchen. Ich mache Treffen mit der heranwachsenden Generation, erzähle ihnen von meinen Erlebnissen im Konzentrationslager, rufe die Jugend zum Kampf gegen den Faschismus und für den Frieden auf. Denn der Buchenwalder Glockenschlag ruft die ganze Welt zum Kampf für den Frieden auf.

In Deutschland war ich nach dem Krieg nicht mehr, ebenso nicht in Flossenbürg.

Ich würde sehr gerne noch einmal die Orte besuchen, an denen ich in meinen jungen Jahren so viel erlitten habe, aber mir fehlen die Mittel dazu.

Damit beende ich meinen Brief.

Mit Hochachtung

Fomina Marija Fjodorowna

Susana Perl

Sehr geehrte Damen und Herren!

Mein Name ist Susana Perl, geb. Hartmann, geboren am 20.02.1921, heute wohnhaft in Rumänien.

Bis zu meiner Internierung wohnte ich mit meinen Eltern, meinem Bruder und meiner Schwester in Oradea. Mein Vater war Besitzer einer Wurstfabrik mit 50 Mitarbeitern und einem eigenen Geschäft. Ich half im Familienbetrieb und im Haus. Ich war politisch nicht aktiv, habe viele Freunde gehabt, rumänische, deutsche und ungarische. Wir verstanden uns sehr gut und hatten miteinander Spaß.

Am 5. Mai 1944 bin ich zusammen mit meiner Familie gezwungen worden, in das jüdische Ghetto von Oradea zu gehen. Wir sind verhaftet worden, alle unsere Waren wurden weggenommen. Am 1. Juni 1944 sind wir in Waggons eingestiegen, je 90 Personen pro Waggon, ohne Luft, Wasser, Essen – Männer, Frauen und Kinder zusammen. Wir sind nach Auschwitz-Birkenau gefahren, wo wir am 3. Juni 1944 angekommen sind. Dort wurden wir von Dr. Mengele selektiert. Ich blieb zusammen mit meiner größeren Schwester und meiner Mutter bis zum 12.10.1944 in Auschwitz. Mein Vater wurde, zusammen mit älteren Menschen, zum Krematorium gebracht. In Auschwitz lebte ich im Lager 19 C bis Anfang Oktober 1944, als ich von meiner Mutter getrennt wurde. Seitdem habe ich nichts mehr von meiner Mutter gehört. Zusammen mit meiner Schwester und anderen Frauen bin ich nach Nürnberg transportiert worden. In Nürnberg erhielt ich die Nummer 55961. Wir sollten in der Waffenfabrik Siemens[3] Munition herstellen. Hier hatten wir mehr Glück, es lebten 12 Personen in einem Zimmer. Das Essen war besser als in Auschwitz. In Auschwitz waren wir ohne Wasser gewesen, die hygienischen Verhältnisse waren sehr schlimm.

In der Waffenfabrik, in der ich zusammen mit meiner Schwester gearbeitet habe, hatten wir eine junge deutsche Aufseherin mit Namen Hilde H., die anständig war und in Nürnberg wohnte. Während der Arbeit in der Fabrik bin ich immer angespornt worden, die Arbeit zu sabotieren. Ich habe die Teile verkehrt herum zusammengefügt, so daß die Bomben nicht explodieren konnten. Diese Frau hatte eine seltene Menschlichkeit uns gegenüber, einmal bin ich mit ihr zu ihrem Haus gegangen. Ich habe mit ihr ihre Ration gegessen und ich bekam Kleider von ihr. Sie sagte mir, daß die deutsche Armee den Krieg verlieren und wir bald frei sein würden.

Hier arbeitete ich bis zum 9. März 1945, dann wurden wir ins Lager Holleischen gebracht.[4] Holleischen war ein Außenlager von Flossenbürg.

Hier verrichtete ich verschiedene schwere Arbeiten. Die Arbeitsbedingungen waren sehr hart, auch das Essen war sehr schlecht und zu wenig. Hier wurden wir von der amerikanischen Armee am 5. Mai 1945 befreit und die ehemaligen SS-Bewacher und die Wehrmacht sind weggelaufen. Wir sind im Lager ohne Bewacher geblieben, die amerikanische Armee gab uns Essen. Wir konnten nicht nach Hause fahren, weil der Zugverkehr nach Osten gesperrt war. Es dauerte sechs Wochen. Auch medizinisch wurden wir von den Amerikanern versorgt. Von den Bewohnern erhielten wir keine Hilfe. Mitte Juni 1945 sind wir mit dem Zug nach Ungarn gefahren, auf dem Dach des Waggons.

Nach einigen Tagen sind wir in Budapest angekommen, wo wir Essen, Kleider und medizinische Versorgung von der Organisation „Joint" aus den USA erhielten. Nach einigen Tagen sind wir mit dem Zug nach Oradea gefahren. In der Wohnung meiner Familie habe ich nichts mehr gefunden, es war alles zerstört und wir mußten mit Hilfe von Freunden und „Joint" wieder von vorne beginnen. Zusammen mit meiner Schwester habe ich einen Platz von 16 qm gemietet und wir haben einen Schnellimbiss eröffnet, in dem ich bis Ende 1947 gearbeitet habe. Im April 1946 habe ich Alexander Perl geheiratet und im Juni 1947 ist das erste Kind, ein Junge, geboren, so daß ich nicht mehr arbeitete. Im Jahre 1950 sind wir nach Clui umgezogen, und im Jahre 1955 ist der zweite Junge geboren. Beide Jungen haben die Universität beendet, der Größere ist 1981 nach Kanada gefahren, der andere im Jahre 1984 nach USA.

Mein Ehemann hat als Beamter bei einer Handelsgesellschaft in Clui gearbeitet und ist im Jahr 1984 pensioniert worden, aber mit einer kleinen Rente. Aufgrund der schwierigen wirtschaftlichen Situation in Rumänien reichte die Rente nur einen halben Monat, manchmal nur 2 Wochen. Wir haben Glück, daß unser älterer Sohn mit Geld hilft, sonst würden wir sterben. Ich habe keine Rente, weil ich nicht im Dienst war, sondern wegen der Kinder zu Hause blieb. In den Jahren nach dem Krieg war ich politisch nicht tätig, ich habe nur meine Kinder versorgt und mich mit Freunden getroffen.

Im Jahr 1945 bin ich als Zeuge gerufen worden zum Volksgerichtshof, wo ein ehemaliger „Kapo" aus meinem Lager angeklagt war. Dort habe ich erzählt von den schweren Lebensbedingungen von Auschwitz. Das erste Mal habe ich Flossenbürg am 23.06.1997 zur 52jährigen Befreiungsfeier besucht.

Ich war zusammen mit 3 Personen aus Rumänien eingeladen worden von dem Komitee der ehemaligen Häftlinge des KZ Flossenbürg (Gemeint ist die Arbeitsgemeinschaft ehem. KZ Flossenbürg e.V., Anm. d. Red.), ich erhielt 100 DM (Taschengeld) zu dieser Gelegenheit.

Bis jetzt habe ich an Entschädigung erhalten: am 17.11.1969 2000 DM von der Treuhand GmbH (beiliegende Bestätigung), die nationale Bank von Rumänien hat nur 20 % ausbezahlt.

METALLWERKE HOLLEISCHEN G.M.B.H.

HOLLEISCHEN Kreis Mies (Sudetenland)

POSTLEITZAHL 11a
GELDKONTEN Bank der Deutschen Luftfahrt A. G., Berlin C 2, Werderstr. 7,
Böhmische Unionbank, Filiale Pilsen
Postscheckamt Nürnberg 50318
Aussig 14495

An die
Verwaltung des KZ-Lagers
Flossenbürg

F l o s s e n b ü r g
bei Weiden/Opf.

Ihre Zeichen	Ihre Nachricht vom	Unsere Zeichen	Haus-Apparat Nr.	Tag:
		KV He/Gr.	233	23.3.1945

Betr.:

Im Anschluss an unseren Brief vom 17.3.1945 müssen wir Ihnen mitteilen, dass wir, infolge neuerlich aufgetretener Schwierigkeiten, ab 22.3.1945 die Häftlinge nur noch 8 Stunden einsetzen können. Wenn die augenblicklich schlechte Materialbeschaffung, anscheinend hervorgerufen durch die Störung unseres Eisenbahnverkehrsnetzes, sich in Kürze nicht bessert, werden wir uns gezwungen sehen noch weiter die Arbeitszeit zu reduzieren, ja sogar unter Umständen einen Teil unserer französischen Häftlinge ohne Arbeit in den Lagern zu belassen.

Als Tagessatz pro Häftling bitten wir, bei achtstündiger Arbeitszeit nur noch RM 2,90 in Anrechnung zu bringen.

Ein nicht unerheblicher Teil von Häftlingen haben wir an Baustellen eingesetzt, wo der Tagessatz von RM 4,-- pro Häftling bei elfstündiger Leistung bleiben kann.

Heil Hitler!
Metallwerke Holleischen
G.m.b.H.

Telefonisch erledigt. 5/4.45

FERNRUF Holleischen Sammel Nr. 66 818 · TELEGRAMME =TW Nürnberg 2285 = Metallwerke Holleischen = · FERNSCHREIBER 06 2285 · Reichs-Betriebs-Nummer: 0/1177/0002 · BAHNSTATION Holleischen (Sudl.)

2. Schreiben Metallwerke Holleischen an KZ Flossenbürg, 23.3.1945.

Im Jahr 1994 habe ich eine Entschädigung von der ungarischen Regierung bekommen, aber ich mußte nach Ungarn (Gyula) fahren, um das Geld zu erhalten. Nach dem Umtausch waren es 850 $. Das war die ganze Entschädigung. Später haben wir mehrmals persönlich und durch eine jüdische Organisation aus Rumänien Entschädigung beantragt von Deutschland. Bis jetzt habe ich nichts erhalten. Die jüdischen Überlebenden Westeuropas haben aber etwas erhalten.

Mein Ehemann hat niemals eine Entschädigung erhalten, obwohl er zwischen 1943 und 1944 in einem Arbeitslager zwangsweise arbeitete. Die Eltern wurden in Auschwitz getötet, jetzt bin ich 76 Jahre alt und habe eine kleine Rente, und es wäre besser, wenn wir eine monatliche zusätzliche Rente bekämen, um leben zu können.

Ich habe weder Photographien noch persönliche Aufzeichnungen aus dem Lager, ich kenne keine ehemaligen Häftlinge von Flossenbürg, die Photos aus dieser Zeit haben.

Nina Denisowna Raichowa

geb. Naroshnaja, geboren am 10. Mai 1924 in der Ukraine.

Erinnerung eines Konzentrationslagerinsassen

1. Auschwitz-Berkinal (Birkenau) unter der Nummer 26703
2. Konzentrationslager Flossenbürg – Außenstelle Dresden unter der Nummer 58629

Ich habe meine Erinnerungen niedergeschrieben, damit die Jugend von der Barbarei des Faschismus in den Kriegsjahren 1941-1945 erfahren möge. Damit die Jugend eines jeden Landes wissen möge, was von dem ganzen friedliebenden Volk unseres Landes und ebenso auch Ihres Landes erduldet werden mußte. Durch ein Wunder wurde ich gerettet und habe überlebt.

Und wie sehr wünsche ich, daß sich all das niemals wiederholt, was die Menschen und die Häftlinge der Konzentrationslager und Gefängnisse durchleiden mußten.

Meine erste Begegnung mit den Nazis hatte ich Ende November 1942.

Im Oktober 1942 wurde ich nach Deutschland verschickt. Ich arbeitete als Zimmermädchen in der Stadt Kattowitz bei Frau Magda M. Ich kann nicht sagen, daß sie eine schlechte Frau gewesen wäre, nein. Ich schlief auf einem sauberen Bett und bekam das gleiche Essen wie die übrige Familie. Aber ich liebte die Heimat und mein Volk. Das wird mir keiner nehmen können.

Ich lief mit folgenden Freunden im November weg:
Usenko, Aleksandra,
Dubowik, Anna,
Babitschenko, Tatjana.

Man fing uns im Dorf Zimnodon in Polen wieder ein. Die Gestapo in Olkuschskoje: Verhöre, ein kalter Bunker, ohne Essen und Wasser sechs Tage und Nächte lang.

Partisanen aus Bjelostok befreiten uns. Doch wieder wurden wir eingefangen. In Handschellen brachten sie uns zu einem Waggon mit Gefangenen, wo wir untergebracht wurden, jeweils ein Mensch in einer Zelle mit Schloss und mit einer Wache im Waggon.

Nachdem wir im Bunker gesessen hatten, waren wir vier aufgedunsen vor Hunger und Kälte. Die Beine waren so geschwollen, daß sie platzten, außerdem sehr schwer; wir konnten nicht gehen, die Partisanen mußten uns tragen. Doch als uns die Deutschen einholten, schlugen sie uns, daß wir nur so durch die Luft flogen und wieder, wieder. Das war ein schwerer Marsch.

Das Gefängnis von Kattowitz

In Handschellen wurden wir vier von vier Soldaten begleitet wie große Verbrecher. In diesem Gefängnis: Verhöre, Verhöre, Verhöre. Wir mußten uns mit dem Gesicht zur Ecke stellen, und sie schlugen uns auf den Kopf. Wir kamen entweder blutüberströmt oder mit dröhnendem Kopf zurück. Auf meinem Körper sind die Narben von den Peitschenschlägen geblieben. Aber wir bekamen zu essen, und es war warm.

Der 11. Dezember 1942[5]

Ich kam ins Lager Auschwitz-Birkenau. Das war ein Todeslager.

In diesem Lager bekam man ein Kleid, das man bis zu seinem Tod trug. Wir haben uns kein einziges Mal umgezogen, kein einziges Mal gewaschen; nirgends gab es Wasser zu trinken, nur im Revier rostiges Wasser in einer eisernen Tonne, aber es war schwer, dorthin zu gelangen. Unser Trinkwasser waren Regen und Schnee, unser Ofen die Sonne (...)

Einer Krankenwärterin aus Kursk hatte ich es zu verdanken, daß ich an Typhus erkrankte. Man ernährte uns mit Rüben, Brot aus Sägespänen und wieder Rüben. Bei der Auswahl im Lager stehen wir zu fünft, Doktor Mengele zeigt mit dem Finger auf dich, und schon gibt es dich nicht mehr auf der Welt – ab in Block 25 und dann ins Krematorium. Irgendwie brachten sie einmal Mütter mit ihren Kindern aus Witebsk in Weißrußland. Sie saßen 24 Stunden im Bad ohne Essen, die Kinder weinten. Wir entschlossen uns, den Kindern Essen zu bringen, klauten Brot aus dem Brotzimmer und gaben den Kindern zu essen. Für uns blieb auch noch Brot übrig. Man fand es bei uns im Block versteckt. Wir wurden zum „Bram" (lautsprachl. Wiedergabe; vermutlich ein Synonym für Pranger) gerufen, von wo selten jemand zurückkehrte. Man teilte allen Blöcken mit, zum „Bram" auf dem Platz zu erscheinen. Sie lasen unsere Nummern heraus: 26703 – 26702 – 26704 – 30033. Man führte uns zum „Bram". In dem Augenblick fuhr ein Fahrzeug eines ranghohen Offiziers heran. Er fragte, was das für Häftlinge seien. Wir hörten die Antwort: „Das ist die russische Bande, wir werden sie aufhängen, wir haben bei ihnen sechs Laibe Brot entdeckt." Er trat zu uns heran. Er fragte uns: „Ihr habt Brot genommen?" „Nein. Das haben wir nicht für uns gemacht." Er sagte zum Kommandanten: „Ich werde ihnen selbst eine Strafe geben" und befahl, man möge uns rohe Kartoffeln bringen und für jeden zwei Ziegelsteine. Man steckte uns eine rohe Kartoffel in den Mund und (legte) in jede Hand einen Ziegelstein. Dann mußten wir in die Hocke gehen und in der Hocke um das ganze Lager herumwatscheln. Er stellte einen Wachtposten mit Hund zu uns. Und so watschelten wir auf dem Weg, wo nur Schotter aufgeschüttet war. Wir fielen hin, der Hund warf sich auf uns, zerrte an unseren Hemden. In dieser Situation hat nur Gott uns geholfen.

Ich dachte, gleich werde ich verrückt, die Kiefer schmerzten fürchterlich und drückten auf das Nervensystem. Wir baten den Wachtposten, er möge uns erschießen. Wir gingen bis zur Baracke; dort mußten wir auf die Knie gehen und wieder die Kartoffel in den Mund. Aber die deutschen Wachmänner mit den Hunden waren nicht mehr da. Wir aßen die Kartoffeln auf. Aber es war uns völlig unmöglich, aufzustehen und in den Block zu gehen. Man gab uns nichts zu essen. Doch die anderen Häftlinge brachten ihr Brot und ihre Suppe, fütterten uns und legten uns auf unsere Pritschen. In diesem Lager konnte man nur überleben dank der Freundschaft der Völker. Einige Nationen erhielten Pakete, und auch wenn es nicht viel war, so teilten sie doch mit uns.

Wir verrichteten schwerste Arbeiten: legten Sümpfe trocken bis zum Gürtel im kalten Wasser, hoben Gräben aus, legten Häuser unweit des Lagers an, stachen Torf, luden Erde in Loren, spannten uns vor die Ladung und zogen den Abfall heraus, wir sammelten Leichen ein, jäteten Kok-Saghys, woraus Kautschuk gewonnen wird, jäteten die Nebenfelder der SS. Tag und Nacht arbeitete das Krematorium, in dem viele Tausende von Menschen, darunter auch Kinder, verbrannt wurden. Über Auschwitz kann man viel schreiben und erzählen.

Am 25. Oktober 1944 kam ich mit einer Gruppe von Häftlingen in ein Flossenbürger Lager.[6]

Das Lager von Flossenbürg – Filiale Dresden

In geschlossenen Waggons überstellte man uns nach Dresden. Dieses Außenlager befand sich bei einer Fabrik mit der Bezeichnung „ZEISS-IKON“.[7]

Die Fabrik war von einer hohen Steinmauer umgeben. Wir wurden in eine etwas tunnelartige Unterkunft gebracht und links öffnete man Türen zum Hof, wo eine Wendeltreppe heruntergelassen war und eine Tür zu einer Behausung führte, in der sich dreistöckige Einzelpritschen befanden mit Bettzeug, Matratze, Decke, Kopfkissen. In der Unterkunft war es warm. Wir freuten uns alle sehr, daß man uns in eine warme Behausung gebracht hatte, was wir aus Auschwitz nicht kannten. Man verteilte uns auf die Pritschen. Man gab uns zu essen und sagte: „Ihr seid Gefangene des Flossenbürger Konzentrationslagers“.

Meine Nummer: 58629

Hier wurde der Appell in der Unterkunft, in der wir schliefen, durchgeführt. In den sechs Monaten hat man uns kein einziges Mal spazierengeführt. Die Verpflegung war schlecht. Morgens Tee, der nicht gesüßt war, 100 Gramm Brot und kein ganzer Liter Suppe – das war das gesamte Essen für 24 Stunden. Wir arbeiteten 12 Stunden am Tag an den Werkbänken. Die Menschen fielen um vor Hunger und Erschöpfung. Vor Neujahr 1945 starben drei Leute. Die Suppe war aus Pilzen und darin schwammen Tannennadeln, ungesalzen. Der Haß auf den Faschismus wegen all der durchlittenen Jahre wurde stärker. Wir begannen, tätig zu werden. Wir fingen einen Streik an, forderten mehr Essen. Die Deutschen wurden nur böse. Der Meister gab uns zu bedenken, man würde uns nach Flossenbürg schicken. Da entschieden wir uns für einen richtigen Streik, wir verweigerten die Nahrungsaufnahme, gingen nicht zur Arbeit, verlangten mehr Essen. Man hatte Angst, zu uns in das Zimmer zu kommen. Sie gingen nur bis zur Tür, die mit Eisen beschlagen war, und schon warfen wir mit unseren Schuhen. Durch die Tür wurde uns mitgeteilt, daß unsere Forderungen erfüllt werden würden. Von da an bekamen wir 150 Gramm Brot am Tag und die Suppe kochten sie mit Graupen und Salz.

In diesem Außenlager wurden wir nicht geschlagen, selbst dann nicht, als der Streik war. Der Meister hat die Werkbank nicht verlassen, die den Streik ausgetragen hat. Er begann, an dieser Werkbank zu unterrichten. Über unsere Front wußten wir Bescheid, aber ich weiß nicht, wer darüber Mitteilungen gegeben hat. Es gab Verse über dieses Lager, die unsere Häftlinge verfaßt haben. Ich schicke Ihnen die, an die ich mich noch erinnere.

Als die Bombardierung Dresdens losging, gab es keinerlei Vorwarnung, nicht einmal Sirenen. Das war ein Flugzeuggetöse, Bombardierung, Explosion auf Explosion. Wir wurden sofort in einen Bunker geführt, der sich auf der vierten Etage befand, von nicht sehr großem Ausmaß. Dieses Haus war wie der Buchstabe T gebaut.

Im Bunker gab es keine Luft, aber viele Menschen, und die Unterkunft war eng. Es gab keinen Platz zum Sitzen, und so verbrachten wir 24 Stunden stehend, ohne zu essen und trinken. Am zweiten Tag führte man mich und meine Freunde unter Bewachung an die Elbe, um in Kübeln Wasser zu holen. Was ich da gesehen habe, war schrecklich: Noch sehr viele Leute lagen tot auf der Straße, verbrannt; wahrscheinlich waren Sprengbomben abgeworfen worden. Uns schien, als jage man uns in eine Gaskammer, wir bekamen keine Luft mehr. Nach einer Weile trieb man uns in den Hof. Im Hof gab man uns je eine kleine Dose geschmortes Fleisch und einen kleinen Laib Brot und schickte uns unter Bewachung auf den Weg. Wir waren bereits ganz mager – nur Haut und Knochen, hungrig. Das war der Todesmarsch.

Unterwegs warf uns die Zivilbevölkerung gebratene Kartoffeln zu, doch die Wachen verboten das; sie feuerten sogar in die Luft. Wir trafen auch solche, die riefen: „Juden, Juden". Wir kamen in ein Dorf, und man führte uns in die Scheune eines Gutsherrn. Wir brieten in einem Kessel Kartoffeln. Als das Kommando ertönte, zu den Kartoffeln zu gehen, hob einer der Wachen sein Maschinengewehr und zielte auf den Kessel. Alle hatten Angst, zu den Kartoffeln zu gehen. Ich aber wollte so gern essen, daß mich selbst der Tod nicht schreckte. Auf allen Vieren kroch ich zu den Kartoffeln, und man gab mir Kartoffeln. Nach mir kamen alle, weil alle Hunger hatten. Dort übernachteten wir auch.

Morgens wieder auf den Weg. In einem Dorf nicht weit von Pirna trieb man uns in die Scheune eines Bauern, wo es süße Überreste von Rüben und Weizen gab. Dort aßen wir uns satt. Draußen hören wir einen Streit zwischen dem Bauern und den Wachen. Wir erfahren, daß man uns in dieser Scheune vernichten wollte – verbrennen. Aber wir hören die Stimmen vieler Leute und sogar Weinen.

Die Wachen ließen uns wieder heraus und gaben den Befehl, uns in Fünferreihen aufzustellen. Wir gehorchten nicht – alle blieben auf der Erde sitzen. Der Oberaufseher sagte zu einem anderen, er solle die gesamte Polizei aus Pirna holen. Nach einer Weile fuhr eine Polizeikolonne auf Motorrädern in schwarzer Kleidung heran. Man hob uns auf und führte uns in den Wald. Die Polizei zog wieder ab, und wir sehen, daß unsere Wachen Zivilkleidung anlegen. Fünf Personen werden abgeführt, und wir hören einen Schuß. Ich entschloß mich wegzulaufen. Und so weiß ich nichts über meine Gefährten, ob noch viele am Leben geblieben sind. Nur bei der Abfahrt traf ich Nadja Bogomolowa und Stjepanowa. Da wußte ich, daß wir gerettet waren: Usenko und zwei Mädchen aus dem Dnjepropetrowsker Gebiet, eine Anja aus der Schirokowskajer Gegend und eine aus Kriwogo Roga.

Ob sie heute noch am Leben sind, weiß ich nicht.

Wir haben uns im Wald gefunden, lebten von rohen Kartoffeln, die die Bauern gesät hatten und die wir zusammen mit Sauerampfer ausgruben. Kleidung gaben uns Gefangene, die in zerbombte Häuser gingen. Sie waren in einem (Kriegs-)Gefangenen-Arbeitslager gewesen. Sie versorgten uns mit Essen, Wurst, Brot, Margarine. Wir begaben uns wieder in den Wald und kamen dann nach Boden-Bach. Daneben ist die Stadt Tetschen, wo wir uns in einem Klub auf der Obergalerie aufhielten. Von dort aus gingen wir zum Bahnhof, um zu unserer russischen Front zu gelangen.

Zu dieser Zeit wird Zivilbevölkerung aus irgendeiner Fabrik „Skamak" vorbeigeführt, ich weiß nicht, wo sie sich befindet. Wir brachten in Erfahrung, wohin sie gebracht werden sollten. Sie hatten ihr ganzes Hab und Gut dabei. Angeblich an die russische Front zu den Schützengräben. Vier von uns schlossen sich ihnen an. Wir setzten uns mit ihnen in einen Waggon, und nachdem wir bis zur Station Buch – das ist bereits eine tschechoslowakische Haltestelle – gefahren waren, stiegen wir aus, gingen in den Wald und gelangten auf allerlei Wegen nach Landyk, wo wir im Keller einer Schule blieben, die nicht mehr arbeitete. Dort haben uns unsere sowjetischen Streitkräfte befreit.

Das war unsere zweite Geburt, die mir damals das Kostbarste schien, was ich hatte.

All das Erlittene läßt sich aus der Geschichte nicht ausradieren.

Die Menschen überall auf der Welt müssen Bescheid wissen, daß das nicht noch einmal passiert, daß sich das nicht wiederholt. Das Wichtigste im Leben aller Völker sind FRIEDEN und FREUNDSCHAFT. Dann wird es keinen Krieg mehr geben.

Als Entschädigung habe ich 1300 Mark erhalten.

In Flossenbürg bin ich niemals gewesen.

Mit ganz freundlichen Gefühlen für Sie und das friedliebende deutsche Volk, v.a. die Jugend. Lesen Sie meine Erinnerungen, denken Sie daran, was Ihre Landsleute getan haben, welchen Irrtum sie begangen haben sowohl für ihr eigenes Volk als auch für uns.

Ich gratuliere Ihnen allen zum Neuen Jahr und zum Neuen Jahrtausend und wünsche Ihnen Frieden.

Unterschrift

Ich wollte noch erzählen, daß ich Mitglied der Organisation antifaschistischer Widerstandskämpfer im Charkower Gebiet bin.

Ich schicke Ihnen ein Dokument über meinen Aufenthalt in Deutschland in der Zeit von Oktober 1942 bis zum 9. Mai 1945. Dieses Dokument über meinen Aufenthalt ist vom Internationalen Suchdienst Arolsen. Ebenso schikke ich Ihnen mein Foto.

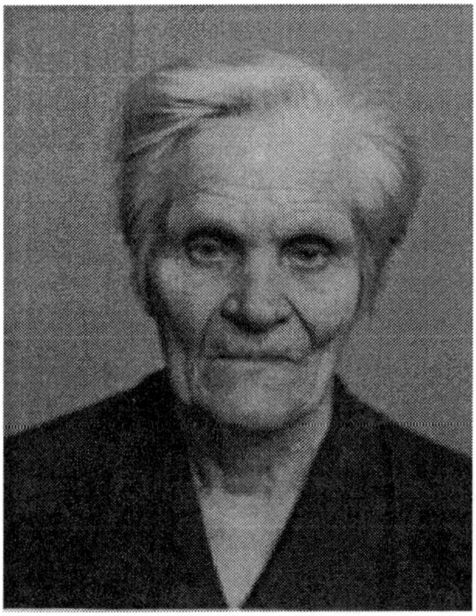

3. Nina Denisowna Raichowa

Boris Maksimowitsch Krawtschenko

Am 25. Juni 1942 erreichte unser Transport in Güterwaggons einen Bahnhof in Deutschland. Aus dem ganzen Transport junger Menschen ab 16 Jahren begann man, Gruppen zu bilden und die einen dahin, die anderen dorthin zu schicken. Die Mehrzahl der Menschen kam in Fabriken. Ich kam in eine Fabrik irgendwo an der französischen Grenze. Ich konnte nicht einmal in Erfahrung bringen, wie die Stadt dort hieß. Man brachte uns in irgendwelchen Festungen unter, wo wir auch lebten. Am Morgen führte uns ein bejahrter Greis zur Fabrik und am Abend holte er uns von dort wieder ab. In dieser Fabrik wurden neue Patronen und Waffen hergestellt und alte repariert. Ich kam in eine Fabrikhalle an einen Elektroofen. Alle Teile, die in ihn gelegt wurden, mußten eine Wärmebehandlung durchlaufen. Und diesen Ofen habe ich kaputtgemacht; ich habe den Transporter in der Mitte zerrissen. Vielleicht ist er aber auch selber zerrissen, weil er schon so alt war. Jedenfalls kam ich dafür nach Regensburg ins Gefängnis.[8] In dem Gefängnis saß ich einige Tage, vier – nicht mehr. Vom Gefängnis aus brachte man uns mit Fahrzeugen in dieses verfluchte Lager Flossenbürg. Vom 17. Juli 1942 bis 3. März 1943 befand ich mich in diesem Lager. Was für eine Arbeit – der Steinbruch, Steine und nichts weiter. Am ersten Tag unserer Ankunft kamen wir in eine Verteilungsbaracke und bekamen gleich einen Einblick in die Arbeit hier im Lager, Sand sieben durch große Netze, die da standen. Mit der Schaufel mußte diese Erde gegen das Netz geworfen werden. Ein kleiner Teil davon fiel durch das Netz auf die andere Seite, die meiste Erde aber blieb auf der Seite. Neben uns war kein Kapo, sondern so ein dicker SS-Mann.

Und der hatte es offenbar auf einen gefangenen Deutschen abgesehen – mag sein, daß er schon so war wegen seines Alters oder das Lager hatte ihn so weit gebracht – also dieser Dickwanst von der SS schickt ihn zum Stacheldraht, damit er sich daran festhalte. Hinter dem Stacheldraht aber sitzt auf einem Wachturm die diensthabende Wache mit einem Maschinengewehr und weist ihn an, die Hände vom Stacheldraht zu nehmen. Er aber nimmt die Hände nicht weg, steht eine Weile, steht eine Weile und geht dann zurück. Das dauerte lange, wahrscheinlich eine Stunde. Der andere aber schickt ihn nicht mit Worten, sondern schlägt ihn mit dem Stiel der Schaufel. Und als er sich entschließt, den Stacheldraht anzufassen, legt ihn die Wache mit dem Maschinengewehr um. Sofort hören wir das Kommando „Hinlegen!“. Jeder legte sich dort hin, wo er gerade arbeitete, da ließ er sich auch hinfallen, und ich dachte: „Was passiert weiter?“ Als ich den Kopf hob, schaffte ich es nicht zu sehen, wie mir mit gewaltiger Kraft aus deutschen Stiefeln, deren Sohle aus Nagelköpfen geschmiedet war, auf den Kopf und den ganzen Körper getreten wurde. Ich dachte, mich würde das gleiche Schicksal ereilen wie diesen armen Deutschen. Doch ich wurde nur getreten und dann weggestoßen. Und so lagen wir auf der Erde, bis sie den anderen weggeschafft und ins Krematorium getragen hatten. Das war mein erstes Erlebnis am ersten Tag des Lagerlebens.

Im Folgenden dann lange ermüdende Tage der Zuchthausarbeit. Meine Aufgabe war es gleich, Steine auf Loren zu laden und sie eine Woche lang zu einem Platz zu ziehen. Nach einer Weile dann luden wir die gleichen Steine wieder auf und zogen sie in die andere Richtung. Man schlug uns mit Latten bis zur Bewußtlosigkeit. Drei Monate arbeitete ich im Steinbruch und sah, daß das eine schlechte Sache war. Es war nötig, von da wegzukommen und bei einer anderen Arbeit unterzukommen. So lernte ich einen Deutschen kennen, der auch gefangen war und als Bohrer arbeitete. Er bohrte bis zu zwei Meter tiefe Löcher. In diese Löcher wurden dann die Zünder gelegt und die Steine gesprengt. Er nahm mich als Helfer zu sich. Ich brachte ihm Bohrer, räumte die alten, stumpfen weg und brachte sie zum Schmied. Von dort bekam ich neue, die ich ihm brachte. Das machte ich bis zum Ende meines Aufenthaltes im Lager Flossenbürg. Ich arbeitete mit diesem guten Menschen, der 12 Jahre im Konzentrationslager für seine politische Überzeugung saß. Auch er hatte den roten Winkel. Ich bin ihm sehr dankbar, daß er mich zu seinem Helfer genommen hatte. Sonst hätte ich genauso enden können wie Tausende anderer Menschen, die im Krematorium ums Leben kamen.

Die Verpflegung war schlecht: Am Morgen gab es nichts, zum Mittagessen 0,75 Liter Suppe aus Rüben oder Kohlrabi oder Kohl, am Abend 150 g Brot mit einem Löffelchen Marmelade und kochendes Wasser. Das war alles. Am zweiten Tag gab es statt der Marmelade 50 g Margarine.

Im Winter trugen wir ein dünnes gestreiftes Hemd, einen dünnen Pulli, eine gestreifte Hose ohne Futter und einen Mantel. Das war alles. So halb bekleidet froren wir bis auf die Knochen, und Sie wissen selbst, welche Temperaturen bei Ihnen winters in jenen vierziger Jahren herrschten. Regen mit Schnee und Wind. Das Wetter tötete Menschen bei lebendigem Leib. Außerdem konnte dich der Kapo mit dem Kopf ins Wasser stoßen. Ich habe gesehen, wie er einen Menschen mit dem Kopf in eine Grube stieß, die voll Wasser war. Der andere kroch heraus, und er stieß ihn wieder hinein. Er schubste ihn solange wieder zurück, bis der andere im Wasser blieb. Dann befahl er, ihn aus dieser Grube zu ziehen, und am Abend ab ins Krematorium.

Ich selbst habe 35 Schläge auf den Hintern bekommen, weil ich mich unter einen Felsen gestellt habe, damit der Regen mich nicht ganz durchnäßt. Das haben der Kapo und einer von der SS gesehen. Sie führten mich in eine

Hütte, in der eine Winde stand, mit der die Steine heraufgezogen wurden. Sie legten mich über die Winde und begannen, mich mit aller Kraft zu schlagen. Zwei Tage konnten mich meine Beine kaum schleppen.

Um alles zu beschreiben, was ich in diesem Lager durchgemacht habe, müßte ich ein guter Schriftsteller sein. Was aber sollte ich für ein Schriftsteller sein? Im Lager Flossenbürg gab es Strafkommandos. Auf dem Rücken trugen sie runde, gelbe Tressen (Litzen). Es war besser, nicht dorthin zu gelangen. Zu viert luden sie so einem vom Strafkommando einen Stein auf den Rücken und im Lauf mußte er ihn den Berg hinaufschleppen. Wieder zurück, wählen sie einen noch schwereren Stein. Das geht solange, bis der Mensch hinfällt. Dann kommt er ins Krematorium, einen Weg zurück gibt es nicht.

Was kann ich Ihnen noch schreiben? Ich werde ein bißchen auf Ihre Fragen antworten.

Politische Überzeugungen hatte ich keine, ich war jung, von Politik hatte ich keine Ahnung. Sabotage und Diversion sind mir nicht begegnet. Ich arbeitete in der Fabrik von BMW 2, im Kommando München Allach[9] als Fräser, ich fräste Zylinderöffnungen für Flugzeuge und habe keine Diversion

4. Zwangsarbeit im Steinbruch des KZ Flossenbürg.

gemacht. Es war unmöglich, aus dem Lager irgendwelche Informationen zu überbringen. Es wurde streng bewacht. An Widerstand war nicht einmal zu denken. Kontakte mit der Zivilbevölkerung gab es nicht, wir bekamen sie gar nicht zu Gesicht, weder im Konzentrationslager Flossenbürg noch in Dachau. In der Fabrik arbeiteten nur Häftlinge.

Was die Musik betrifft, es gab ein Blasorchester, das aber nur spielte, wenn jemand zum Galgen geführt wurde. Das geschah unter Blasorchester-Begleitung. Von der Evakuierung des Lagers Flossenbürg weiß ich nichts, von Allach schon. Ich lebte dort von März 1943 bis Mai 1945. Alle, die im Lager waren, wurden Ende April 1945 in Kolonnen, immer fünf in einer Reihe, vorwärts gejagt. Nachts gingen wir, am Tag versteckten wir uns im Wald. Zwei Tage lang marschierten wir in Richtung der amerikanischen Vorderlinie. Man führte uns zu einer kleinen Eisenbahnstation. Da gab es einen Fluß, und über den Fluß führte eine Brücke, die bereits vermint war. Die Leitungen waren an der Seite der Brücke angezogen. Wir gingen über die Brücke, und in der Mitte der Kolonne begann man auseinanderzulaufen. Die Wachen verschwanden, und von uns lief jeder, wohin er nur konnte. Da war ein Wald, und ich ging in diesen Wald. Es begann, bereits dunkel zu werden. Im Wald stand eine kleine Scheune, die mit Stroh vollgestopft war. Die Tür war verschlossen. Auf der Hinterseite war ein Fenster, das mit einem Brett vernagelt war. In dieser Scheune habe ich mit einem Freund übernachtet. Nachts flogen über uns Geschosse von der amerikanischen Seite. Am Morgen des 1. Mai 1945 war ich frei und machte mich auf in die Richtung, aus der die Geschosse kamen. So gelangten wir in die Stadt Penzberg. Dort blieben wir auch und lebten in einem Lager, in dem Kriegsgefangene untergebracht waren. Verpflegt wurden wir bereits von den amerikanischen Behörden.

In Registrierungsakten, die sich im Gerichtsgefängnis der Stadt Regensburg befinden, steht Folgendes: Am 17. Juli 1942 wird ins Konzentrationslager Flossenbürg der Häftling mit der Nummer 3026 verlegt. Am 3. März 1943 kommt der Häftling ins Konzentrationslager Dachau. Im Konzentrationslager Dachau war ich unter der Nummer 46036 im Kommando München Allach. Da steht auch, daß das Konzentrationslager Dachau von der amerikanischen Armee befreit worden ist.

14.12.2000

Nummer des Gefangenen-buches	Annahmetag und Tageszeit	Angaben zur Person Familienname, Vornamen, Beruf, Geburtstag und -ort	Strafentscheidung usw.	a) Vollstreckungsbehörde oder sonstige um Aufnahme ersuchende Behörde b) Geschäftszeichen
1	2	3	4	5
1650 665/65	6. 7. 42 11 Uhr 50 Min.	Krawtschenko Boris Beruf: [illegible] geboren am: 12. 7. 24 in: Galuzatsch bei:		Gestapo hier 6. 7. 42

a) Art und soweit möglich Dauer bzw. Höchstdauer der zu vollstreckenden Strafe, Maßregel der Sicherung und Besserung oder sonstigen Freiheitsentziehung b) Anzurechnende Untersuchungshaft.	Straf- oder Verwahrungszeit Beginn Tag und Tageszeit	Straf- oder Verwahrungszeit Ende Tag und Tageszeit	Unterbrechung Beginn Tag und Tageszeit	Unterbrechung Ende Tag und Tageszeit	Neues Ende der Straf- od. Verwahrungszeit Tag und Tageszeit	Austrittstag und Tageszeit	Grund des Austritts
6	7	7	8	8	9	10	11
9 H.	6. 7. 42 11 Uhr 50 Min.	17. 7. 42 12 Uhr 110 Min.	Uhr Min.	Uhr Min.	Uhr Min.	17. 7. 42 12 Uhr 110 Min.	Ablieferung Flossenbürg
	Uhr Min.	Uhr Min.	Uhr Min.	Uhr Min.	Uhr Min.		
	Uhr Min.	Uhr Min.	Uhr Min.	Uhr Min.	Uhr Min.		
	Uhr Min.	Uhr Min.	Uhr Min.	Uhr Min.	Uhr Min.		

5. Ausschnitt aus dem Aufnahmebuch des Gefängnisses Regensburg, 1942.

Viktor Afanasjewitsch Lubennikow

Guten Tag, verehrte Damen und Herren!

Ich erfülle Ihre Bitte und antworte nun auf die mir zugeschickten Fragen.

Ich, Lubennikow Viktor Afanasjewitsch, wurde am 7. November 1925 geboren. Vor dem Krieg lebte ich in Kiew und besuchte dort die Schule. Im April 1942 wurde ich zu Hause verhaftet und unter Bewachung in ein spezielles Lager in Kiew gebracht. Anschließend wurde ich unter Bewachung von Wehrmachtssoldaten in einem Güterwaggon nach Deutschland geschickt und dem Arbeitsamt in Marktredwitz überstellt. Von dort aus kam ich, weil ich noch keinen Beruf erlernt hatte, nach Weiden in die Porzellanfabrik der „Brüder Bauscher".[10]

Im Sommer 1943 wurde ich mit einer Gruppe von ca. 30 Mann nach Regensburg in die Flugzeugfabrik von Messerschmitt verlegt, und nach der Bombardierung der Fabrik durch die Amerikaner im August 1943 (hatten wir die Aufgabe, den Schutt in der Fabrik und am Bahnhof wegzuräumen). Anschließend kamen wir in das Dorf Obernzell bei Passau[11], wo ich wiederum für Messerschmitt arbeitete. Wenn ich mit meiner Arbeit fertig war, half ich dem Müller und seiner Frau – Gras mähen, Holz hacken.[12]

Im Herbst 1944 wurden zwei Freunde und ich aus uns unbekannter Ursache von der Polizei verhaftet und in das Gefängnis in Regensburg gebracht.[13] Bei der Gestapo wurde ich auf meine Frage, wofür man mich eingesperrt hätte, hart geschlagen (der Übersetzer erklärte: Hier werden alle geschlagen, und es ist nicht unbedingt nötig, den Grund für die Verhaftung zu kennen). Der Untersuchende fragte mich, wo und wie ich gearbeitet hätte, wer meine Freunde seien, und schickte mich dann in eine Gefängniszelle.

Nach 3-5 Tagen wurden wir paarweise gefesselt, in einer Kolonne aus hundert Menschen, die Reihen mit einem Strick zusammengebunden, zu Fuß zum Bahnhof geschickt. Man lud uns in Waggons ein und schickte uns nach Flossenbürg, wo wir von SSlern mit Hunden in Empfang genommen und ins Lager geführt wurden.[14] Wir mußten uns in Fünferreihen aufstellen. Man führte uns durch ein Tor aus Stacheldraht in ein halb unter der Erde liegendes Gebäude (Wäscherei mit Waschraum), wo wir splitternackt ausgezogen wurden, man uns alles wegnahm, was wir bei uns hatten; sie wuschen uns irgendwie und gaben uns gestreifte Kleidung und eine Mütze. Wir erhielten kleine Stoffstücke mit Nummern, die wir an die Kleider aufzunähen hatten. Meine Nummer war: der Buchstabe R, roter Winkel, Nr. 80807.

Anschließend kamen wir für 10-15 Tage in den Quarantäneblock, und von dort aus in den Block Nr. 5, es war der erste Block auf der rechten Seite.

Die Betten im Block waren aus Holz, dreistöckig, in je einem Bett schliefen zwei Gefangene. Die Matratzen waren aus einem Sack, der mit Stroh gestopft war. Die Decken waren dünn, wir haben sehr gefroren.

Die Verpflegung sah folgendermaßen aus: Am Morgen Tee, zum Mittagessen Suppe aus Rüben und 100 g Brot. Einmal pro Woche wurden 50 g Blutwurst, 20 g Margarine und zwei Zigaretten für die, die gearbeitet haben, ausgeteilt.

Ich arbeitete in der Brigade zur Vorbereitung des Holzes für das Krematorium. Das Krematorium arbeitete jeden Tag, es sind ja auch täglich 8-10 Menschen an Hunger oder Kälte gestorben.

Im März 1945 wurde ich in das (Außenlager Leonberg des) Konzentrationslagers Natzweiler verlegt, in die unterirdische Fabrik von Messerschmitt. Nach einiger Zeit führte man uns aus der unterirdischen Fabrik heraus und brachte uns nach Mühldorf, wo wir bei der Säuberung des Bahnhofes der Stadt Mühldorf von Minen arbeiteten und wo wir auch von den Amerikanern befreit wurden.

Sie gaben uns Zivilkleidung und brachten uns in ein Lager, in dem deutsche Kriegsarbeiter lebten. Dann kam ich ins Hospital, Revier genannt, wo mich die Amerikaner ärztlich behandelten und wieder einigermaßen herstellten und anschließend den sowjetischen Streitkräften übergaben.

6. Wohnbaracke der Messerschmitt-Zwangsarbeiter in Obernzell, nach 1945.

Im April erkrankte ich sogleich an Tuberkulose und kam in ein Tuberkulosehospital der Stadt Tiraspol mit der Diagnose Lungentuberkulose. Nach zweimonatiger Behandlung wurde ich aus gesundheitlichen Gründen aus der Armee entlassen und nach Kiew geschickt, wo ich von nun an lebte, wieder gesund wurde und arbeitete.

1947 zog ich nach Makejewka, arbeitete dort als Zahntechniker, heiratete und studierte noch einmal.

Ich habe das medizinische Institut in Kiew beendet und 50 Jahre als Stomatologe gearbeitet.

Ich habe zwei Kinder: einen Sohn, 1949 geboren, und eine Tochter, 1956 geboren, vier Enkel und einen Urenkel. Vor einem Jahr habe ich meine Frau beerdigt, mit der ich 50 Jahre zusammengelebt habe.

Jetzt bin ich in Pension.

Ich würde sehr gern einmal eine Reise nach Flossenbürg, Regensburg und besonders Obernzell unternehmen.

Mit Hochachtung
Lubennikow Viktor Afanasjewitsch
15.12.1999

Anatolij Matschula

1.11.1999
Guten Tag, verehrte Damen und Herren!

Am 7. Oktober habe ich Ihren Brief erhalten mit der Bitte, Ihnen meine Erinnerungen an den Aufenthalt im Konzentrationslager Flossenbürg mitzuteilen und auf bestimmte Fragen zu antworten. Mit Eifer erfülle ich Ihre Bitte.

Ich wurde im Dorf Pawpowka geboren, im Chersoner Gebiet. Aus eben diesem Dorf wurde ich im Sommer 1943 nach Deutschland geschickt zusammen mit anderen Dorfbewohnern und Verwandten. Lange waren wir unterwegs, lange blieben wir in einem Übergangslager in Peremyschla. Dann brachte man uns in ein bestimmtes Lager nach Erfurt, schließlich zur Station Grimmental, das bei Meiningen (7 km) und Suhl (15 km) liegt. Wir arbeiteten dort am Bau einer Eisenbahnlinie, mit Wagenkupplern, beim Umladen von Postwaren. Wir wohnten nicht weit davon in einer Baracke. Die schwere Arbeit und das miserable Essen riefen bald die Sehnsucht nach der Heimat, nach Mama, Papa und anderen Angehörigen wach.

Als die zweite Front eröffnet wurde (im Sommer 1944), reifte der Gedanke an Flucht, der zweiten Front entgegen. Die Ostfront war noch weit.

Früher brachte man uns manchmal mit dem Zug zur Arbeit nach Meiningen, und die Fahrt mit dem Zug war nicht kompliziert. Durch Grimmental fuhr der Zug Berlin-Stuttgart. Mein Freund Djatschenko Wasilij und ich kauften Fahrkarten für diesen Zug. Wir fuhren zwei, drei Stunden mit diesem Zug, aber nach der Kontrolle der Ausweise wurden wir bei irgendeiner kleinen Haltestelle aus dem Zug geführt. Wasilij gelang es wegzulaufen. Mich aber brachte man in das Gefängnis nach Meiningen und anschließend in das Straflager Domgild, ungefähr 30 km von Meiningen. In diesem Straflager ging es grausam zu. Viele gingen an den Prügeln, der harten Arbeit und Hunger zugrunde. Besonders grausam war der Vormann, ein Belgier, der oft ganz ohne Grund mit dem Griff der Schaufel zuschlug. Der Steinbruch befand sich tief unten, wohin eine hölzerne Treppe führte. Sie zwangen uns, auf ihr hinabzulaufen, wobei sie uns mit Schlägen auf den Hintern antrieben. Viele stürzten, wurden zu Krüppeln oder zertreten. Sie erzogen uns zum Gehorsam gegenüber dem Gesetz.

Die Dauer meines Aufenthaltes betrug acht Wochen. Dann wurde ich befreit und zu meinem früheren Arbeitsplatz zurückgebracht.

Dort behielten sie mich neun Wochen. Dann wurde eine Gruppe mit Leuten, die sich in der gleichen Lage befanden wie ich, zusammengestellt und nach Buchenwald gebracht. Wir kamen am Abend an, man gab uns Nachtquartier usw. Das Lager war überfüllt, und wir wurden weitergeschickt.

Spät in der Nacht kamen wir im Lager „Flossenbürg“ an. Zuerst Bad, Haare schneiden, Einschmieren der behaarten Körperstellen mit einer stinkenden und brennenden Flüssigkeit. An Stelle unserer Kleidung gab man uns ausgewaschene Hosen und ganz enge Jacken, die der Jahreszeit überhaupt nicht angemessen waren. Es war November 44. Wir wurden in den Quarantäneblock Nr. 22 oder 23 gebracht. Sie befahlen uns, am nächsten Morgen die Nummern anzunähen. In der Nacht aber wurden zwei weiße Stoffbänder mit Nummern gestohlen. Um der Bestrafung zu entgehen, zeichnete mir der Maler (mit einer Schablone) eine neue. Aber ich erinnerte mich nicht genau an meine Nummer (ich kannte sie noch nicht auswendig). Am Morgen kam ein Offizier, vor seinem Kommen hatten wir die Nummern schon angenäht, und es begann die Überprüfung. Die Reihe kam bis 37281, die Nummer wird einige Male aufgerufen. Niemand antwortet. Sie zählen noch einmal durch – richtig. Der Offizier überprüft weiter. Die Reihe kommt bis 37287, wir sind offensichtlich zu zweit. Der Offizier befiehlt ruhig, ohne in Zorn zu geraten, eine neue Nummer herauszuschreiben und gibt mir nun die dritte Nummer 37281.

1992 wurde mir auf meine Anfrage von Arolsen geantwortet, daß ich mich geirrt und meine Nummer 37287 wäre. Auf meine abermalige Anfrage wurde mir geantwortet, daß ich mich geirrt hätte und meine Nummer nicht 37287 (wie ich nach der Korrektur meiner Bescheinigung geschrieben hatte), sondern 37281 wäre. Und sie schickten mir eine Kopie der ersten Bescheinigung, in der viele Auslassungen waren. Ich wandte mich mit einer Anfrage an das Museum des Konzentrationslagers Flossenbürg. Sie beantworteten meinen Brief nicht, schickten ihn aber nach Arolsen weiter. Wahrscheinlich sind die Archive des Lagers nicht erhalten geblieben. Ja, ich erinnere mich, wie nach der Befreiung der Wind viele Blätter mit den persönlichen Angelegenheiten der Gefangenen um die Schreibstube jagte. Manche der Gefangenen warfen, auf der Suche nach eigenen Dokumenten, andere weg. Ich kann Gedrucktes schlecht lesen, weil ich kein Deutsch verstehe, aber das Geschriebene kann ich wegen meiner Augen auch nicht lesen.

Aber kehren wir zum Quarantäneblock 22 oder 23 (ich habs vergessen) zurück! Wir nähten die Nummern an, mit dem roten Winkel und dem Buchstaben R bei mir. Eine auf den Ärmel der Jacke auf der linken Seite, eine andere auf die Hose, etwas oberhalb des rechten Knies auf die Seite. Von dem Quarantäneblock aus führte man uns manchmal in die Küche, um Kartoffeln zu schälen. Ich weiß nicht, für wen wir sie geschält haben. Für die Häftlinge haben wir sie nicht geschält, nur gewaschen. Wir haben sie in einer Maschine gewaschen, die einer Betonmischmaschine glich. Wir waren froh, wenn es uns gelang, Kartoffelschalen mitzunehmen. Wir warfen sie in den Ofen daneben und aßen sie halbroh.

Ich erinnere mich, wie irgendwann im Dezember unser Block von zwei Reihen Stacheldraht im Abstand von 2,5 Metern von einer Reihe zur anderen umgeben und auf der anderen Seite amerikanische Piloten, die über Deutschland abgeschossen worden waren, untergebracht wurden. Sie bekamen vom Roten Kreuz Pakete, die sie mit uns teilten, indem sie Zigaretten über den Stacheldraht warfen.

Aus dem Quarantäneblock wurde ein Kommando von Gefangenen zusammengestellt zur Arbeit in den Filialen des Konzentrationslagers. Einmal kamen Offiziere aus der Filiale „Dora", ließen uns ganz nackt ausziehen und suchten Leute aus, die mit roter Farbe auf die Stirn gekennzeichnet wurden. Sie markierten auch mich. Aber bei einer abermaligen Kommission wurde ich für untauglich befunden – noch zu klein und mager.

Im Dezember 1944 oder Januar 1945 kam ich in den Jugendblock für die Minderjährigen Nr. 19. Dort traf ich auf Wasja Djatschenko, der weggelaufen war, als sie uns aus dem Zug zogen. Seine Nummer war viel niedriger als meine, 29Tausend und noch irgendetwas (ich weiß nicht mehr). Wir waren uns einig, wie dumm wir gewesen waren, Gefängnis und Straflager durchlaufen zu haben und schließlich ins Konzentrationslager geraten zu sein. Beim Vergleich der Lebensbedingungen im Lager und der Ostarbeiter verstanden wir, daß wir durchaus erträglich gelebt hatten. Zu Kriegszeiten hatten auch die Deutschen ein erbärmliches Leben bei der eingeschränkten Versorgung mit Lebensmitteln. Trotz alledem lebten wir in Freiheit. An unseren freien Tagen gingen wir ins Dorf, halfen einander, Holz zu hacken, Kohlen zu schleppen, den Gemüsegarten zu bestellen. Wir wurden mit Kartoffeln und Rüben entlohnt, manchmal bekamen wir auch Brot. Das hatte unsere Verpflegung wesentlich bereichert.

Und hier jetzt im Konzentrationslager, bei der Erinnerung daran wie an etwas Gutes, träumten wir davon, wieder in Grimmental zu sein, im Lager der Ostarbeiter.

Im Jugendblock bestimmte man mich zur Arbeit in der Flugzeugfabrik, Halle 11. Ich sollte dem Nieter helfen. Ich habe nicht lange dort gearbeitet. Der Nieter verschwand bald. Man sagte, er hätte einen Ausschuß gemacht. Ich kam in den Steinbruch. Ich zog mir eine Erkältung zu und konnte lange nicht aufstehen. Ein Husten drückte mich schwer. Es zog mich zur Batterie, um mir den oberen Teil des Rückens zu wärmen.

Eines Tages kamen wir bei tiefem Schnee von der Arbeit zurück und sahen, daß im Lager auf dem Appellplatz der Schnee weggeräumt und ein Galgen aufgestellt war. Beim Eintritt ins Lager trug der Wind von vorne und von rechts einen starken Brandgeruch aus dem Krematorium. Hingerichtet werden sollten Häftlinge, die aus dem Transportkommando, das auf Leiterwagen Flugzeugrümpfe zum Bahnhof brachte, weggelaufen waren. Hingerichtet werden sollten vor aller Augen sechs Personen (ich glaube,

 Weihnachten '44

sechs), die sie wieder eingefangen hatten. Deshalb wurden wir von der Arbeit geholt. Ich konnte es nicht mitansehen, mir war schrecklich zumute.

Schon früher gab es einen Vorfall, als sie uns nach der Kontrolle sehr lange bei feuchtem Wetter auf dem Appellplatz zurückhielten. Einer fehlte. Sie suchten ihn lange. Sie fanden ihn in einem Haufen Kisten neben der Kantine. Als sie ihn auf den Platz brachten, war er schon tot. Sie ließen ihre Wut an uns aus: deshalb das lange Stehen. Irgendeiner sagt zu dem jungen Partner aus der Kantine, den Platz in der Kantine einzunehmen.

In der Kantine, dem Lager-Markt, wurde Tabak zum Schnupfen (Njuchalka) und zum Kauen (Primka) verkauft. Man konnte ihn gegen einen Laib Brot oder ein „Mönchlein" Suppe eintauschen. Ein „Mönchlein" – das ist ein Teller aus Aluminium oder Emaille mit einem Henkel, um ihn am Gürtel festzumachen.

Im Jugendblock bekamen am Mittwoch alle eine „Zulage". Dabei handelte es sich um 200 g Brot und 20 g Margarine. In dieser Maßnahme zeigte sich eine Sorge um die heranwachsende Generation. Wenn wir die „Zulage" bekommen hatten, aßen wir sie nicht gleich, um das Vergnügen des Krümel-Herausbröselns in die Länge zu ziehen. Nachdem wir die Zulage gegessen hatten, warteten wir mit Ungeduld auf den nächsten Mittwoch.

Ich kam gegen Ende des Krieges ins Konzentrationslager, als das Regime bereits weicher geworden war. In Vorahnung des Zusammenbruchs begann man vermutlich, wenigstens teilweise internationale Normen zu beachten.

Ich weiß, daß bei der Bemalung der Flugzeugrümpfe an die Maler Milch ausgeteilt wurde. Viele wollten dort arbeiten, um in den Genuß von Milch zu kommen, um ein bißchen mehr Essen zu bekommen.

In Block 19 waren Kinder von 12 bis 18 Jahren. Die älteren kamen in die Blöcke für Erwachsene. Der jüngste Junge im Lager war fünf bis sechs Jahre alt. Ein kleiner Jude, sehr gesellig. Alle Häftlinge betrugen sich sehr zärtlich ihm gegenüber, jeder gab ihm, was er nur konnte. Er war der einzige im Lager, der Stiefel aus Chromleder trug.

Zu Beginn des Frühlings wurde die Arbeit in der Flugzeugfabrik und im Steinbruch sehr eingeschränkt. Als wir einmal vom Steinbruch zurück ins Lager kamen, zeigte ein Tscheche rechts zu einem Berg und sagte: „An dem Berg liegt mein Dorf, niemand weiß, daß ich hier bin und vor Hunger zugrunde gehe." Bald wurden wir arbeitslos.

Ende März (so um den 20. herum), an einem warmen sonnigen Tag, lagen wir hinter der Küche bei dem Berg, rupften Gras mitsamt den Wurzeln aus und kauten es. Die Erde war noch kalt, und in der Nacht konnte ich mich nicht mehr horizontal hinlegen, ich bekam keine Luft. Dort verbrachte ich die ganze Nacht im Sitzen. Am Morgen brachte mich Wasja Djatschenko aufs Revier. Mit einer großen Spritze wurde mir auf beiden Seiten aus dem Rippenfell eine Flüssigkeit entnommen. Ich kam in Block 16 (glaube ich), in die Abteilung für TBC (Tuberkulose), in den ersten Stock in die äußerste Reihe vor den Einzelbetten.

Eines Tages wurde ein junger Mann gebracht, der bei Waldarbeiten fürs Krematorium niedergeschlagen worden war. Drei Ärzte (auch Gefangene) betrachteten den Leidenden lange Zeit, fuchtelten hoffnungslos mit den Händen und gingen weg. Zu dem Italiener tritt ein Sanitäter in einem weißen Kittel (der nicht allzu weiß war), spritzt ihm mit einer kleinen Nadel eine schwarze Flüssigkeit ein, und der Mann beendet mit Zuckungen sein Leben, ohne das Bewußtsein noch einmal erlangt zu haben. Ich habe von oben alles gesehen und dachte, wird nicht die Reihe auch an mich kommen?

Auf dem Revier hat mich manchmal Wasja Djatschenko besucht. Und irgendwie hat er erzählt, daß bald, am 4. April sein Geburtstag sei und er sich zu Hause da jetzt satt essen könnte. So kamen wir darauf, daß er am gleichen Tag wie ich, dem 4. April 1927, geboren worden war, daß wir bald 18 Jahre und dann in einen anderen Block umgesiedelt werden würden. Am 4. April brachte er mir als Geschenk zwei „Primka", für die ich zwei Laibe Brot eintauschen konnte. Für die zwei „Primka" hatte er ein Kostüm eingewechselt, das er unter seiner Bekleidung trug und das er von dem Aufbewahrungsort der Häftlingssachen hatte, wo er als Sortierer von Kleidung arbeitete.

Mitte April teilte er mir mit, daß Vorbereitungen zur Evakuierung in ein anderes Lager unternommen, daß neue gestreifte Kittel ausgeteilt und sie morgen nach Dachau geschickt würden. Danach habe ich Wasja nicht mehr gesehen.

Auf den Weg bekamen die Gefangenen eine kleine Büchse Weizen, 300 g, in die Taschen ihrer Kittel geschüttet und in Gruppen von 100 Mann aufgestellt, wurden sie auf den Weg gebracht, ohne daß sie noch von der Suppe hätten essen können, die extra für sie zubereitet worden war.

Im Revier befanden sich alle in großer Anspannung: wir warteten darauf, daß man uns erschießen oder verbrennen würde. So vergingen zwei Tage und Nächte. Am 17. April 1945 betrat ein Offizier mit einer ganzen Gefolgschaft von Übersetzern die Abteilung und wandte sich an uns krank Darniederliegende. Die Übersetzer sagten, daß der Herr Offizier, der Vorsitzende des Reviers (ich wußte nicht einmal, daß so eine Position existiert) mitzuteilen gedenkt, daß das Lager evakuiert würde, daß er uns baldige Befreiung, die Rückkehr in die Heimat und Genesung wünschte, daß uns die Amerikaner bald befreien würden und daß man uns zur Verpflegung einen Vorrat an eingeweichten Rüben und viel Suppe zurücklassen würde, die sie nicht mehr austeilen konnten. Gleichzeitig warnte er uns, nicht zu viel zu essen. Nach den Worten über die baldige Befreiung begannen viele zu weinen, hatten sie doch den Tod erwartet, und nun statt dessen menschliche Worte und gute Wünsche.

11.März 1945.

Iststärke am:	Zugänge:	Abgänge:	Zusammen:	Verpflegungsstärke:
10.3.: 52247	90	2100	50237	37979 Selbstverpfl.
				14 Marschverpfl.

Aufstellung:

Block:	Soll:	Arr.:	Zusammen:
1	176		176
2	413		413
3	671		671
4	760		760
5	775		775
6	763	1	762
7	776		776
8	739	1	738
9	790	3	787
10	635	1	634
11	749	1	748
18	401		401
19	846	(889 Jugendliche)	846
20	812		812
21	253	31	222
22	57		57
23	52	1	51
Küchenblock	393		393
Revier,männl.	620		620
Revier,weibl.	21		21
Sonderbau	16	3	13
Weibl.Häftl.	843		843
Altenhammer	609		609
Zusammen	12170	42	12128
Selbstverpfl.	37979		37979
Grafenreuth	80		80
Eisenberg	8		8
S U M M A	50257	42	50195

\+ 19 Mehrverpflegungen.
\+ 2 Mehrverpflegungen im Arrest.
Arrest zusammen: 44.

Die Richtigkeit bescheinigt: Floßenbürg, den 11.März 1945

Der Schutzhaftlagerführer:

SS-Obersturmführer.

7. Übersicht über die Häftlingsstärke in den Blöcken, KZ Flossenbürg, 11.3.1945.

So blieben wir allein zurück. Keine Wachen der SS, keine amerikanischen Befreier. Wir aßen Rüben und Suppe. Jeder aß nach seinem Gutdünken und Belieben. Das Wetter war warm, und die Suppe bereits sauer. Aber viele konnten sich nicht zurückhalten und aßen trotzdem eine Menge davon. Als Folge konnten sie sie nicht bei sich behalten. Unter uns befanden sich auch Gesunde, die sich zum Zeitpunkt der Evakuierung mit Hilfe der Ärzte als krank ausgegeben hatten und so von der Evakuierung befreit wurden. Sie machten durch die Stacheldrahteinzäunung einen Durchgang zur Baracke mit den Sachen der Gefangenen. Sie verkauften diese Sachen oder tauschten sie mit den Bewohnern der umliegenden Dörfer gegen Lebensmittel ein. Unter ihnen erkannte ich den ehemaligen Blockmann des Blocks Nr. 2 , wo die Schreibstube war.

Dann tauchten amerikanische Soldaten auf, Künstler, die uns Kranke, Geschwächte, Ausgezehrte auf unseren Schlafstätten malten. Sie malten auch mich. Später habe ich gelesen, daß diese Bilder auf einer Ausstellung in New York gezeigt worden sind.

Es vergingen einige Tage, bis das Hospital für die SSler umgebaut und wir dorthin überführt wurden. Doch zuerst wurden wir gebadet und nach dem Bad wurden wir in dieses SS-Hospital verlegt. Das Wetter aber war windig und kühl. Viele zogen sich eine Erkältung zu. Bei mir brach eine beiderseitige Otitis aus. Die Amerikaner hatten keinen Ohrenspezialisten, bei ihnen heilte der Chirurg. Doch vorerst wurden alle vom Durchfall kuriert. Wir nahmen Kohletabletten mit Knoblauch ein. Dann kamen die anderen Erkrankungen dran. Ich wurde von Tuberkulose, Bronchitis und Otitis geheilt, alle von Dystrophie. Viele sind allerdings noch nach der Befreiung gestorben. Vor allem an Durchfall. Ich war nicht schwer daran erkrankt.

Durch die gute Pflege, das Essen, die ärztliche Versorgung in diesem amerikanischen Hospital haben viele innerhalb von ein paar Wochen so zugenommen, daß man sie nicht wiedererkannte. Ich habe auch 52 kg erreicht, vorher wog ich 39 kg.

Ende Juni, Anfang Juli wurden wir in ein großes Hospital nach Weiden (ich glaube, so hieß die Stadt) verlegt. In einem Gebäude waren deutsche Soldaten, in einem anderen wir untergebracht. Der Hof war gemeinsam, und dort gingen deutsche Soldaten (ehemalige) und wir Konzentrationslagerinsassen (ehemalige) spazieren. Aber es gab keine Feindschaft, was natürlich gewesen wäre. Wahrscheinlich fühlten wir alle das Verhängnis des Krieges, seine Grausamkeit, unter der vor allem die einfachen Leute leiden.

Ungefähr Mitte Juli kamen zwei sowjetische Offiziere und rieten allen, die in die Heimat zuückzukehren wünschten, sich für die Repatriierung einzutragen. Von diesem Zeitpunkt an waren wir repatriiert. Nach kurzer Zeit beförderte man uns mit den amerikanischen „Studebakkers“ zur sowjetischen Zone nach Ceské-Budejovice (Budweis).

Wir wurden nun schon wie Gesunde behandelt. Und nach ein paar Wochen schickte man uns zu Fuß weiter in eine andere kleine Stadt 90 km entfernt. Für viele erwies sich das als nicht ihren Kräften gemäß. Sie blieben auf der Straße liegen und warteten darauf, von den Wagen mitgenommen zu werden. In dieser kleinen Stadt durften wir eine Verschnaufpause machen, und dann brachten uns die sowjetischen Autos nach Lwow.

Man rief uns in ein Dorf, ich glaube, es hieß Zimny Wody, in ein Filtrationslager, wo Militärs aus dem Dienst des NKWD penibel einen Fragebogen zusammengestellt hatten und festlegten, wer wohin repatriiert würde. Der eine weit nach Osten, andere in die Bergwerke des Donbeckens.

Ich bekam Anweisung, in das Dorf Pawpowka, in dem ich geboren bin, (zu gehen). Am 29. August 1945 kam ich nach Melitopol zu Verwandten, und es stellte sich heraus, daß meine Eltern aus dem Dorf nach Melitopol umgesiedelt waren. Mein Vater war Invalide der ersten Kategorie (erblindet), Mama arbeitete in einer Vorstadtkolchose als Melkerin. Aber zunächst mußte ich nach Pawpowka fahren, um die Erlaubnis einzuholen, nach Melitopol zu ziehen. Ich schrieb mich an einer Zweigstelle eines wissenschaftlichen Forschungsinstituts für Gartenbau ein.

Doch im Oktober 1947 wurde ich auf Anweisung des Kriegskommissariats zum Aufbau von Hüttenwerken mobilisiert. Von 1947 bis 1982 (bis zu meiner Pensionierung) und anschließend bis 1995 arbeitete ich in einer Zaporoshjer Koks-Chemie-Fabrik. 25 Jahre in einem Gaswerk und die nächsten 22 Jahre in der Abteilung für technische Kontrolle.

Entschuldigen Sie, daß ich so viel geschrieben habe. Ich habe mich bemührt, ausführlich zu antworten. Doch dann ist der Biref so lanfg geworden, daß ich dafür zwei Umschläge gebraucht hätte. Ich mußte ihn kürzen. Dennoch muß ich noch einen weiteren Brief schreiben. Ich werde versuchen, auf Ihre Fragen zu antworten.

Wenn Sie mir noch einmal schreiben werden, teilen Sie mir bitte einige Adressen von ehemaligen Häftlingen aus Flossenbürg mit, die in der Ukraine oder in Rußland leben. Bitte!

Wie viele von uns sind noch am Leben?

In Zaporoshje sind wir zu dritt von mehr als 200 Menschen aus anderen Konzentrationslagern. Zusammen mit den Ostarbeitern sind wir ungefähr 30.000 (im ganzen Gebiet). (...)

Wenn Sie schreiben in der Hoffnung auf Antworten zu neuen Fragen, legen Sie bitte einen Umschlag bei. Bei uns ist die Post unglaublich teuer.

Mit Hochachtung
(Unterschrift)

Zweiter Brief vom 8.11.99

Guten Tag, sehr geehrte Damen und Herren!

Die Antwort auf Ihren Brief, den ich am 7. Oktober dieses Jahres erhalten habe, schicke ich am 1.11.1999 los. Ich habe versucht, alles möglichst ausführlich zu erzählen, aber es ist nicht bei einem Versuch geblieben. Letzten Endes mußte ich viel kürzen und die Blätter auf beiden Seiten beschriften. Das ist einer der Gründe für die Verzögerung.

Mir scheint, daß ich im Wesentlichen über mein Leben alles erzählt und auf einige Fragen auch geantwortet habe. Nun versuche ich, etwas ausführlicher der Reihe nach auf die Fragen einzugehen.

Von meinem Leben in Deutschland vor dem Konzentrationslager habe ich im vorigen Brief berichtet. Ich habe früher keine Erinnerungen niedergeschrieben, folglich auch nichts drucken lassen.

Von Boykott, Sabotage, Widerstand weiß ich nichts. Irgendetwas war dumpf, unterschwellig zu spüren, wie ein Murmeln. Es gab irgendwelche Verbindungen, wahrscheinlich gab es welche. Ich werde später darauf zurückkommen. Vielleicht bekam ich nichts mit, weil ich im Jugendblock war oder einfach zu erschöpft, um mich für irgendetwas zu interessieren. (...)

Musik habe ich in Flossenbürg nicht gehört, aber davon gelesen, daß es in Mauthausen ein Gefangenenorchester gegeben hat.

Von den Vorbereitungen zur Evakuierung berichtete mir mein Freund Wasja Djatschenko wahrscheinlich am 15. April.

Aufs Revier kamen neue Kranke, die gar nicht krank waren. Es handelte sich um Leute, die zu den Vorgesetzten innerhalb des Lagers gehörten. Einen von ihnen hatte ich erkannt. Es war der Blockwart von Block 2, der Schreibstube. Diese Kranken wurden etwas abseits untergebracht. Ich vermute, daß das ohne Verbindungen, ohne Hilfe nicht gegangen wäre. Es war auch ein Russe darunter mit einer Nummer Anfang 20. Das war bemerkenswert, denn die unteren Nummern hatten die Deutschen im Lager. Aber sie erzählten uns, sie hätten die Nummern mit Toten getauscht.

Und gestorben sind in der Tat viele: Im Jugendblock Nr. 19 waren jeden Morgen im Waschraum (der sehr lang ist) 20, 30, 40 oder mehr Leichen abgelegt. Bis zur Überprüfung.

Nach dem Krieg habe ich versucht, meinen Freund Wasja Djatschenko zu finden. Ich habe an den Sumsker Bezirk geschrieben, wo er geboren ist. Einige Male habe ich geschrieben. Aber ich wußte nicht die genaue Adresse, und die Adressen-Dienste haben nicht geantwortet.

Ich habe an die Charkower Traktorenfabrik geschrieben, daß ihr Arbeiter Konstantin Popow im Konzentrationslager war und nach Dora (Außenlager des KZ Buchenwald, Anm. d. Übers.) geschickt worden war, wo er aller Wahrscheinlichkeit nach umgekommen ist. Doch auch von dort erhielt ich keine Antwort.

Das Verhalten den Repatriierten gegenüber war von Vorsicht und Unglauben geprägt, ebenso wie zu denen, die bei der Besetzung geblieben sind. Deshalb versuchten die Repatriierten zu verbergen, daß sie repatriiert waren.

Wenn du in Deutschland gewesen warst, bedeutete das, daß du eine andere Lebensart, eine höhere Kultur kennengelernt hast. Das brachte Unglauben über die sowjetische Propaganda hervor.

Bei der Rückkehr in das Dorf Pawpowka fuhr ich zuerst zu meinen Verwandten in die Stadt Melitopol, wo ich meine Eltern fand, die bereits nach dem Krieg umgezogen waren. Nachdem ich mich bei der Miliz und dem Kriegskommissariat gemeldet hatte, – ich hatte es noch nicht geschafft, Arbeit zu finden und außerdem noch nicht das Recht auf Brotkarten (außer Brot wurde praktisch nichts ausgegeben) zugestanden bekommen – rief man mich zu einer allgemeinen militärischen Ausbildung ein. Vorsichtshalber ließ man uns einen medizinischen Ausschuß durchlaufen: Röntgen und Analysen. Der Internist war verwundert: Der Krankheitsherd war auf meinen Lungen geblieben, aber Tuberkulose hatte ich keine. Für unsere Medizin war das zu jener Zeit unvorstellbar.

Anschließend fand ich Arbeit im Garten des Instituts für Bewässerung im Gartenbau. Zwei Jahre an der frischen Luft und reiche Vitaminversorgung halfen mir, mich gesundheitlich zu stabilisieren und Kräfte zu sammeln.

Im Oktober 1947 wurde ich vom Kriegskommissariat zum Aufbau von Fabriken der Kohlenhüttenindustrie gerufen. Auch andere junge Leute, 400 aus dem Gebiet, wurden zusammengesucht und in die Zaporoshjer Koksfabrik geschickt. Dort habe ich 47 Jahre gearbeitet. Seit 1982 (im Alter v o n 55 Jahren aufgrund einer Beschädigung) erhielt ich eine Rente, aber ich arbeitete weiter bis 1995, weil mein jüngerer Sohn noch an einem Institut studierte und materielle Unterstützung brauchte. Er hat die Fakultät für Architektur beendet. Bei einem Architekturwettbewerb erhielt er von 47 Projekten aus 7 Instituten den ersten Preis. Doch Arbeit in seinem Fachgebiet gibt es nicht, deshalb arbeitet er mit beim Umbau von Wohnungen in Büros.

Mein älterer Sohn ist Flottenoffizier. Er diente auf dem Stillen Ozean, später auf dem Schwarzen Meer. Dann wechselte er zur Odessiter Polizei, weil die Flotte keine Löhne mehr ausbezahlt hat.

Meine Frau arbeitet noch als Krankenschwester und hat Angst, ihre Arbeit zu verlieren, denn die Arbeit stellt eine existenzielle Ergänzung ihrer Pension dar. Obwohl ihr nur 0,75 Lohnsatz bleiben, macht das immerhin 80-90 Griwen im Monat (oder 36 Deutsche Mark). Ihre Pension beträgt 60 Griwen (24 Mark).

Mamas Rente besteht aus 25 Griwen. Sie wurde am 8. Oktober 94 Jahre alt. Sie ist schon schwach, aber in der Küche führt sie das Zepter, obwohl sie oft Pausen einlegen muß.

Ich bekomme 83 Griwen (33 Mark) Rente. Ich helfe meinem Sohn, eine Werkstatt zu bauen (besser anzubauen). Er ist oft nicht da, und ich muß alles alleine machen. Ich bin sehr müde, am Abend schlafe ich innerhalb von 10 Minuten vor dem Fernseher ein. Das ist einer der wesentlichen Gründe für die Verzögerung des Briefes.

(...)

Oft kommt es zu Irritationen, weil im Konzentrationslager im Kinderblock Jugendliche bis 18 Jahren zusammen mit allen anderen Kindern untergebracht waren. Das war so unter den Nazis, im Krieg. Doch jetzt hat man uns in Minderjährige und noch nicht ganz Volljährige eingeteilt. Den Minderjährigen, die vor dem 16. Lebensjahr ins Konzentrationslager kamen, gab man das Privileg, beim Bezahlen einer Wohnung nur 25% des gesamten Preises zu zahlen. Die noch nicht Volljährigen hingegen bekamen dieses Privileg nicht. (...) Und darin liegt die Ungerechtigkeit. Vielleicht haben sie die Begriffe vermischt: Ostarbeiterlager – Konzentrationslager. Unseren Gesetzgebern geht es nicht um Genauigkeit. Bitte schicken Sie eine Bestätigung über die Tatsache, daß im Konzentrationslager im Jugendblock kein Unterschied zwischen Minderjährigen und noch nicht ganz Volljährigen gemacht worden ist. (Oder wir wissen einfach nicht, daß es einen Unterschied gegeben hat). Ihre Bestätigung würde uns sehr helfen. Und Gerechtigkeit wiederherstellen.

In Zaporoshje leben noch zwei ehemalige Häftlinge aus Flossenbürg: Schechowcow Iwan Pimenowitsch und Kozyrjew Georgij Iwanowitsch. Beide sind älter als ich. Einer von ihnen, glaube ich, war bei der Evakuierung nach Dachau dabei.

Nach dem Krieg ergab sich keine Gelegenheit, Flossenbürg zu besuchen. Es wäre interessant, ob irgendwelche Spuren davon zurückgeblieben sind. Falls möglich, schicken Sie mir bitte eine Geschichte des Konzentrationslagers. Die Geschichte von Mauthausen habe ich gesehen. Das Komitee der Veteranen aus den Konzentrationslagern organisiert manchmal Auftritte ehemaliger Häftlinge vor Schülern, um sie zu Patriotismus zu erziehen. Ich bin nie aufgetreten. Wenn ich schreibe, bin ich nicht bewegt, aber wenn ich erzählen soll, pressen mir Tränen die Kehle zu und ich kann nicht sprechen.

(...)

Wenn es tatsächlich zu Entschädigungszahlungen kommen sollte, wäre es am besten, wenn man wenigstens einen Teil so bald wie möglich bekäme, weil es hinten und vorne nicht reicht. Unser Bedarf ist ohnehin auf ein Minimum reduziert, trotzdem werden sie (die Entschädigungszahlungen) nicht ausreichen.

Ein Wort zu Unterlagen über Flossenbürg: Ich schicke Ihnen eine Kopie von einer Charakteristik Flossenbürgs. Sie ist einer zweibändigen Ausgabe entnommen, jeder Band hat mehr als 1000 Seiten. Flossenbürg kommt darin selten vor, nur in ein, zwei Zeilen. Auch in anderen Büchern wird es nur am Rande erwähnt.

Das ist alles oder beinahe alles, was ich weiß. Ich hätte gern die Geschichte des Lagers, sind noch viele am Leben, ich hätte gern ihre Adressen (oder wenigstens einige davon). Wenn möglich, schicken Sie mir bitte ein paar Adressen.

Mit Hochachtung
Unterschrift
8.11.99

Wasilij Michajlow Mostowjenko

Sehr verehrte Arbeiter, verehrte Damen und Herren!
Ich, Mostowjenko W.M., antworte auf Ihren Fragenkatalog, soweit ich diese schrecklichen Jahre, diese Hölle, dieses wahrhaft furchtbare Gericht noch in Erinnerung habe.

Ich habe Ihnen bereits vor zwei Jahren geschrieben. Sie aber haben mir kein Dokument (eine Bestätigung) über meinen Aufenthalt in diesem schrecklichen Lager geschickt.[15] Dennoch, Gott sei mit Ihnen!

Ich schreibe Ihnen das, was ich noch weiß. Es war folgendermaßen:

Im April 1942 kam unser Transport (Zug) in Forchheim an. Wir wurden in einem Ziegelwerk ausgeladen. Dort war ein Arbeitsamt errichtet worden. Von Forchheim aus bestimmte man uns für spezielle Arbeiten, und ich geriet in einen landwirtschaftlichen Betrieb zu einem Bauern in Etzelskirchen, in der Nähe von Höchstadt. Zwei Monate arbeitete ich bei Frau Anna G. (Mai und Juni). Im Juli, zur Zeit der Getreideernte, wurde ich krank und ging nach Höchstadt zu einem Arzt. Aber ich fand die Poliklinik nicht und entschloß mich, nach Forchheim zum Büro für Arbeit zu fahren. Das war 30 km entfernt. Ich kaufte mir für 45 Pfennig eine Fahrkarte und fuhr meiner Bestimmung nach. Dort wurde eine Staffel mit kranken Leuten für die Heimreise vorbereitet. Ich habe da auch meine Landsleute Rud M.F. und Schewtschenko E. getroffen. Zu dem Treffen stieß ein Gendarm und fragte nach meinen Papieren. Ich zeigte sie ihm. Er verhaftete mich und nahm mich in Vorbeugehaft.

Innerhalb von 24 Stunden überführten sie mich in der Nacht nach Nürnberg in ein Gefängnis in der Nähe des Zugbahnhofes. Wir saßen im zweiten Stock (wir waren 50 Personen). Sechs Tage bekamen wir nichts zu essen. Während dieser sechs Tage gaben sie uns zweimal Wasser zu trinken. Nach sechs Tagen brachte man uns in ein Straflager am Stadtrand von Nürnberg. Wir bekamen zehn Schläge auf den Hintern als Empfang am Tag des Hungerns (Hungertage waren Dienstag und Freitag). Wir wurden registriert. Ich bekam die Nummer 917. Dort fand ich einen Nachbarn aus Chotow, der in Chotow neben Lesniki gelebt hatte. Das ist drei km von meinem Dorf entfernt. Er hatte die Nummer 876, es war Karcow Iwan Aleksejewitsch, 1924 geboren, im gleichen Jahr wie ich.

Nach zehn Tagen, Ende Juli oder August, wurden wir immer zu zweit mit Ketten zusammengesperrt (mein Partner war Korcow I.A.) und ins KZ Flossenbürg geschickt.

Als sie uns dort ausluden, bot sich uns ein schrecklicher Anblick. Menschen in gestreifter Kleidung, sehr mager, mit Holzpantoffeln, wurden furchtbar geschlagen.

Woran ich mich noch erinnere: Wir wurden in das Bad (den Waschraum) gejagt, haben uns unter Verspottungen gewaschen und die Häftlingskleidung angelegt. Ich erhielt die Nummer 555. Sie wurde vom Schneider aufgenäht. Am zweiten Tag war ich bereits im Block Nr. 14 für die Zugänge (die Neuen).

(...)

Die Arbeiten in dieser Hölle waren folgende: Man trug Kohlen zum Krematorium. Man brachte den Schmutz heraus. Mit einer Karre wurden die Leichen zum Krematorium geschafft usw. Mein Partner war der Spanier Antonio. Nach zwei Wochen Lagerarbeit brachte man uns in Block Nr. 5, und wir mußten im Steinbruch arbeiten. Drei bis fünf Tage arbeitete ich, ich trug Steine zu einem Graben, lud sie irgendwo auf. Sie schlugen uns mit allem, was ihnen in die Finger fiel: der Kapo, ein Deutscher, und der SS-Rottenführer, ein echter Mörder. Am zweiten Tag gaben sie uns (wir waren zu zehnt) je 25 Schläge auf den Hintern, weil wir einen Baum nicht hochheben und aus dem Steinbruch hinaustragen konnten. Ich kam als dritter an die Reihe. Sie legten mich über eine Werkbank, banden mich fest usw. Am nächsten Tag dachte ich, das halte ich nicht länger aus, und ging genau auf den Stacheldraht (die Einzäunung) zu. Ein Häftling, der nicht mehr arbeiten konnte, ging zur Einzäunung, und die Wachen erschossen ihn. Aber das Schicksal hatte anderes mit mir vor. Ein deutscher Häftling schnappte mich (als Helfer), um mit ihm Steine zu bohren und Keile reinzustecken. Ich habe drei Tage mit ihm gearbeitet. Am vierten Tag ist er nicht gekommen, und ich begann, allein zu bohren (stechen). Ich holte mir Lenja, den Weißrussen, und wir arbeiteten zu zweit.

Ich erinnere mich an die Kälte, wir hatten keine warme Kleidung. Und dann, am Abend, wenn wir von der Arbeit zurückkamen, nahmen wir Aufstellung am Appellplatz.

Jeder Block stand für sich, getrennt von den anderen. Wenn wir aufgestellt waren, kam der Lagerschreiber. Wenn der Lagerkommandant auftauchte, schrie der Lagerschreiber: „Achtung! Rechte Hand Mützen ausziehen und Ruhe. Fertig, Mützen an die Augen rechts!" Der Schreiber meldete dem Kommandanten, wie viele wir waren, wie viele an diesem Tag getötet worden waren, wie viele aufs Revier geraten waren usw. Als wir einmal die Mützen schlecht abgenommen hatten, gab der Kommandant den Befehl, die Kopfbedeckungen wegzuräumen und eine ganze Woche im Januar ohne Kopfbedeckung zu arbeiten. Stellen Sie sich unsere rasierten Köpfe vor, mit dem rasierten Streifen von der Stirn bis zum Nacken, dir friert alles ein, es schneit. Furchtbar!

Tagesordnung: Um fünf am Morgen aufstehen, aufräumen im Schlafsaal, dann Kaffee, der nicht süß war (ein Surrogat). Ich habe ihn kein einziges

Mal getrunken! Nach dem Appellplatz sofort in den Steinbruch, von sieben Uhr morgens bis 19 Uhr abends. Im Ganzen haben wir zwölf Stunden gearbeitet. Ich wurde im Steinbruch so geschlagen, daß ich zweimal zurückgeschickt werden mußte. Ich ging zur Arbeit und konnte nicht mehr laufen. Meine Gefährten haben mich unter die Arme genommen. Ich blieb im Lager, der Weg führte zum Krematorium.

Einmal wurden für einen Transport 100 Leute genommen. Ich bin vorbeigegangen. Das hat ein SS-Mann gesehen und sagt: „Du kommst morgen ins Krematorium!" In einer anderen Ecke saß Onkel Wanja, der die Nummern aufschreibt. Onkel Wanja war Häftling, er war Emigrant, Unteroffizier der Zarenarmee. Ich bat ihn leise: „Schreiben Sie meine Nummer auf, ich bin noch jung und möchte leben. Meine Nummer ist 555." Ihm sei Dank, er hat sie aufgeschrieben. Am zweiten Tag brachten sie uns in zwei Waggons nach Nürnberg. Am Abend jagten sie uns auf die Frankenstraße hinaus. Dort befand sich eine Militärsiedlung. (...) Wir arbeiteten dort den ganzen Sommer des Jahres 1943. Bei unserer Aufnahme gaben sie uns neue Lagernummern. Meine Nummer war 46833.

Anfang 1944 brachte man uns nach Flossenbürg zurück, und ich bekam die Nummer 2923. Nach zehn Tagen schickte man mich nach Mauthausen. Ich kam in Quarantäne und erhielt die Nummer 56677. Dann in die Abteilung N2. Ich arbeitete im Kommando Barackenbau. Im Lager befand ich mich in Block N1. Wir errichteten eine Flugzeugfabrik unter der Erde in 57 Meter Tiefe. Unsere Firma war die Michael Krub (?), der Meister ein alter Mann von 72 Jahren mit Familiennamen Neumeier. Am 5. Mai um 17 Uhr befreite uns die amerikanische Armee. Sie schickten uns zu 81 Sammelstellen. Einen Monat pflegten sie mich.

Dann kam ich in die sowjetische Armee: 36 W.S.D. Ich habe bei Wien, später bei Moskau gedient. Im März 1947 wurde ich entlassen. Ich arbeitete dann in der Kolchose in meinem Dorf, beendete das Technikum, arbeitete als Brigadier und Agronom.

Jetzt bin ich in Pension. Ich lebe an der Armutsgrenze. Ich bitte Sie um Hilfe. Ich bin bereits 76 Jahre alt, meine Hände zittern, meine letzten Pfennige habe ich für diesen Brief ausgegeben, drei Rubel (Griven).

Bitte organisieren Sie mir Hilfe. Vor drei Jahren bekamen wir dafür 900 Mark. Das war wenig.

Mit Hochachtung (Unterschrift)
Ich erwarte Ihre Antwort mit Ungeduld. 16.X.1999.

Oleksandr Oleksandrowytsch Tkatschenko

geboren am 22. Januar 1927, ehemaliger Gefangener des KZ-Lagers Flossenbürg, Lagernummer 1159 – R

Auf Ihren Brief aus Regensburg vom 7.11.2000 teile ich Folgendes mit:

Ich, Tkatschenko Oleksandr Oleksandrowytsch, hatte vor dem Beginn des Krieges zwischen der Sowjetunion und Deutschland, der am 22. Juni 1941 anfing, in der Stadt Krywyj Rih im Dnipropetrowskyj Gebiet gewohnt. Meine Eltern arbeiteten bei der Bahn und ich träumte, der Familientradition entsprechend, Führer einer Lokomotive mit großer Leistungsfähigkeit zu werden. Um meine Träume zu verwirklichen, ging ich zur Berufsschule der Eisenbahn, die sich vor dem Krieg in Krywyj Rih befand.

Aber es kam alles ganz anders, als man sich gedacht hatte.

Der Krieg zerstörte meine Pläne, weil im Sommer 1941 die deutschen Truppen die Stadt Krywyj Rih besetzt hatten – eine schwarze Seite in meiner Biographie begann. Die „neue Ordnung", die die Deutschen in ganz Europa erschaffen wollten, nahm mit ihren schrecklichen Bildern auch meine Stadt gefangen. Torturen, Plünderungen und Erschießungen unschuldiger Menschen wurden zu einer gewöhnlichen Methode des Regierens der neuen Machthaber.

Am 25. August 1943, entsprechend dem Befehl des Bürgermeisters von Kryvyj Rih, wurde die allgemeine Zwangsmobilisierung der Jugend der Jahrgänge 1926/1927 für den Abtransport zur Arbeit nach Deutschland verkündet.

Diejenigen, die der Aufstellung entgehen wollten, erwartete eine grausame Strafe. In solchen Fällen wurden nicht nur die jungen Männer und Frauen bestraft, sondern auch ihre Eltern. In unserer Familie waren außer mir noch zwei minderjährige Kinder und eine Tat gegen die Regierung konnte in dieser Situation tragisch ausgehen – die Kinder konnten zu Waisen werden.

Am Tag des Abtransports der Jugend war am Bahnhof ein schreckliches Bild zu sehen: Alte Mütter weinten, die Omas beklagten die Jungen, wie auf einer Beerdigung, bewaffnete deutsche Soldaten mit Hunden stopften zusammen mit der örtlichen Polizei die Gefangenen in die Waggons eines Güterzugs, überall waren Schreie, Stöhnen, das Bellen der Hunde zu hören.

„Schnell, verfluchte Schweine ...", bis zum heutigen Tag bleibt jener schwarze Tag in meiner Erinnerung.

Ein sehr langer Gütertransportzug war ungewöhnlich – die Fensterchen in den Waggons waren mit dem Stacheldraht umwickelt, der Waggon selbst war gepfropft voll, so daß es unmöglich war, sich hinzulegen, und an der

Waggontür wurden zwei deutsche Soldaten mit Maschinenpistolen, Granaten und Bajonetten zur Aufsicht gestellt. Versuch mal wegzulaufen – gleich erreicht dich die Kugel (der Maschinenpistole). Auf diese Weise sind bei Pjatychaty manche junge Männer für immer gefallen.

Der Zug hatte auch drei Personenwaggons – der eine war vorne, der andere in der Mitte des Zuges und der dritte am Schluß. Sie waren für diejenigen bestimmt, die die Gefangenen begleiteten. Von Zeit zu Zeit wechselte sich die Wache ab, um sich auszuruhen von der Arbeit.

Niemand sagte uns, wohin wir fuhren, deswegen konnte man diese Reise eine Fahrt in die Ungewißheit nennen.

Nach langem Wirren durch die Eisenbahnwege (Partisanen waren dort tätig) kam der Zug mit den Gefangenen in der Stadt Neumarkt, die nicht weit von Nürnberg liegt, an.

Das Nürnberger Arbeitsamt war in der Tat ein Sklavenmarkt. Niemand fragte die Gefangenen: Wohin willst du zur Arbeit gehen, ob dir der Käufer gefällt oder etwas anderes.

Man verteilte frische Ware wie das Vieh, nach der Stückzahl, genauer gesagt, nach der Zahl der Arbeitshände.

Auf diese Weise gelangte ich nach Regensburg, in die Lokomotivhalle. Aber weil alle Arbeitsplätze mit den ein paar Tagen früher gebrachten Gefangenen besetzt waren, wurde eine Gruppe von jungen Männern, einschließlich meiner, am 25. September 1943 in die Stadt Schwandorf gebracht. Wir wohnten in den Baracken der Eisenbahnstation. So wurde ich zum „Ostarbeiter". Unsere Arbeit war, die Eisenbahngleise zu reparieren.

Ironie des Schicksals – ich wurde ein Eisenbahner, aber nicht in einem Betrieb in meiner Ukraine – ich wurde zum unfreien Sklaven des 20. Jahrhunderts, wie in einem Gedicht von T. G. Schewtschenko: „Schwere Arbeit, nicht einmal das Beten ist erlaubt." 12 Stunden täglich Eisenbahnschienen legen, Schotter feststampfen und um das Essen brauchst du nicht bitten.

Traurig, hungrig und sehr oft auch frierend trugen wir unser Kreuz in der Gefangenschaft. Völlig erschöpft, müde, hungrig handelte ich mit meinen 16 Jahren nicht immer vernünftig. Sogar schlimmer! Einem hungrigen Menschen schwindelt es oft. Etwas Ähnliches ist auch mit mir passiert.

Am 4. Oktober 1943 gingen wir nach der Arbeit an einem Waggon vorbei, aus dem es sehr schmackhaft roch. Das waren die Lebensmittel für die deutschen Soldaten. Meine Kameraden und ich öffneten den Waggon und nahmen uns ein paar Laibe Brot und noch ein paar Kleinigkeiten. Wir waren zu fünft. Leider wurde diese Tat vom Rangierer registriert, der davon die Eisenbahnpolizei verständigte, und am Abend wurden wir verhaftet. Wir wurden eines politischen Verbrechens beschuldigt, waren doch die Lebensmittel für die deutschen Soldaten an der Front bestimmt.

Fast zwei Monate verbrachte ich in einer Einzelkammer im Gefängnis der Stadt Schwandorf. Während der Verhöre beleidigte mich der Untersuchungsrichter, wie er wollte, schlug mich mit allen möglichen Sachen auf alle möglichen Stellen.

Im November 1943 wurden mein Freund Owsjanikow und ich unter Aufsicht von zwei Polizisten in die Stadt Weiden transportiert. Von dort aus brachte mich „der schwarze Rabe" ins KZ Flossenbürg, ins Lager, aus dem man nur durch den Kamin des Krematoriums hinausgehen konnte.

Nach der Ankunft im KZ bekam ich die KZ-Nummer 1159-R. Ab diesem Augenblick verlor ich meinen Namen und mir wurde klar, was ein Konzentrationslager ist. Scheinbar wurden Sanitärmaßnahmen durchgeführt, danach wurden wir in die gestreifte KZ-Kleidung gesteckt und unsere Sachen und Kleidungstücke wurden in Säcke zusammengelegt, als ob wir irgendwann von hier hinausgehen würden und sie uns zurückgegeben würden. Natürlich war es eine Farce.

Irgendwelche Fragen oder Unzufriedenheit wurden nicht erlaubt. Kaum gab es Probleme – schon beruhigte man mit dem kalten Wasser aus der Feuerwehrspritze oder mit einem Gummischläger. Und überhaupt wurde die Ordnung für die Häftlinge im KZ nur mit Hilfe von körperlicher Gewalt durchgeführt.

Zuerst war ich im Verteilungsblock Nummer 19, hier kostete ich zum ersten Mal das KZ-Abendessen – 200 g Ersatzbrot und Tee, aus Kiefernzapfen aufgebrüht. An demselben Abend bekamen wir den ersten „Unterricht" der KZ-Ordnung – der Blockälteste und die Zimmerdienste hatten einen Gefangenen so stark geschlagen, der Armselige hätte beinah seinen Geist dafür aufgegeben, weil er angeblich bei jemandem eine Essensportion gestohlen hatte.

Am nächsten Tag wurde die „Erziehungsarbeit" auf dem Appellplatz fortgesetzt. Die SS-Soldaten verlasen das Urteil zweier minderjähriger Jungen aus der Westukraine über den Fluchtversuch aus der Gruppe der Gefangenen und gleich hier, vor den in Reihen aufgestellten Gefangenen, wurden sie auf einem Pfosten erhängt. Nach dieser gesehenen und gehörten Instruktion wurden wir zur Arbeit in den Steinbruch getrieben.

Die Arbeitszone war mit Stacheldraht eingezäunt und wurde von den SS-Soldaten und Wlassow-Soldaten[16] bewacht.

Auf den Wachtürmen, die für die sichere Aufsicht über die Gefangenen eingerichtet wurden, befanden sich Soldaten mit Maschinengewehren und Karabinern.

Auf den Arbeitsplätzen hießen die Aufseher „Kapo". Die Arbeit hatte einen unmenschlichen Charakter. Der Stein wurde mit Sprengstoff gesprengt, dann wurde ihm mit Hilfe von Luftdruckhämmern, Meißeln, Keilen, Kreuzmeißeln eine gewisse Form gegeben, und dann mit den Loren oder Schubkarren zur weiteren Bearbeitung transportiert. Für die erschöpften, gequälten Menschen war es tatsächlich Zuchthausarbeit. Eine andere Bezeichnung kann man für diese Arbeit nicht einmal ausdenken. Für das kleinste Vergehen schlug der Kapo mit einer Kabelpeitsche.

Einige Zeit war mit mir in Flossenbürg mein Schulfreund und Kamerad aus dem Lager in Schwandorf, Owsjanikow Dmytrij Iwanowitsch, KZ-Nummer 1163-R, doch später trennte uns die Lagerverwaltung und wir verloren einander. Zum Glück hat auch er überlebt und wohnt heute in der Ukraine in der Stadt Kryvyj Rih.

Im KZ-Lager wohnten die Häftlinge in den Blöcken, es gab in Flossenbürg manche von ihnen. Ein Block war in zwei Flügel unterteilt, in jedem waren 500 Menschen, insgesamt 1000 Gefangene unter einem Dach. Die Blockleiter waren der Blockälteste und der Blockschreiber. Sie hatten Helfer (Zimmerdienste), sie waren Aufseher im Schlafsaal und im Eßraum.

In der Nacht trugen sie die Gestorbenen in den Waschraum hinaus. Diese Helfershelfer waren nicht weniger grausam als ihre Chefs – auch für das kleinste Vergehen gab es verschiedene Quälereien: Strafbunker, Peitsche, eiskaltes Wasser und noch eine ganze Reihe anderer Strafen.

Doch auch unter diesen unmenschlichen Bedingungen gelang es mir zu überleben. Gott alleine weiß, wie das mit mir passierte. Zudem ist die Welt nicht ohne gute Menschen. Sie gab es auch im KZ.

Das letzte Jahr meines Aufenthaltes im KZ war ich im 11. Block, wo mich das Schicksal mit einem Deutschen – dem politischen Gefangenen Kurt Morner – zusammenführte. Er stammte aus Boxdorf in der Nähe von Nürnberg. Dank seiner Hilfe konnte ich wahrscheinlich überleben. Er bekam von Zuhause Päckchen mit Lebensmitteln und unterstützte mich. Damals war er ungefähr 26-27 Jahre alt.

Ende 1944 arbeitete ich bei der Anfertigung der Flügel für das Flugzeug Messerschmitt. Beim Arbeitsgang der Anfertigung des Knotens (des zentralen Mechanismus) des Flugzeugs arbeiteten wir in einer Gruppe aus 5 Personen. In dieser Gruppe waren ein Tscheche und ein Slowake, und wenn nicht sie gewesen wären – sie bekamen ebenfalls Päckchen von Zuhause – wer weiß, ob ich überleben hätte können.

Unser Proviant bestand in der Früh aus Ersatzkaffee oder Teesurrogat und nichts mehr. Jeder Gefangene versuchte, als letzter seine Ration aus dem 50-Liter großen Behälter zu bekommen – vielleicht entfällt auf jemanden der Bodensatz des Ersatzgetränkes.

Am Mittag – eine Schüssel mit balanda (Suppe) aus Steckrübe oder nicht geschälten Kartoffeln. Am Feiertag gab es in der Suppe ein Paar Nudeln. Zum Abendessen wurden 200 g Ersatzbrot, Tee ohne Zucker und 10 g Margarine vorgesehen.

Wir arbeiteten 10 Stunden täglich. Bei so einer Verpflegung konnte man eher die Füße für immer ausstrecken als die Flügel eines Flugzeugs ziehen.

Im KZ führte man sehr sorgfältig das Häftlingsregister. Zur Arbeit ging man in einer Kolonne mit je 5 Menschen in der Reihe. Beim Hinaus- und Hineingehen ins Lager zählte die Wache die Vollständigkeit der Gruppe. Gott bewahre, wenn jemand nicht da war – die ganze Gruppe hatte so lange warten müssen, bis festgestellt wurde, wo der Gefangene war. Wobei wir sowohl im Winter als auch im Sommer die Kopfbedeckung abnehmen mußten. Die unerträglichen Bedingungen des KZ-Lebens erklärten die Fluchtversuche der Gefangenen. Aber diese Versuche endeten in der Regel tragisch. Viele Menschen wurden für die Fluchtversuche erhängt. Einmal wurden sogar 10 Menschen vor den Augen aller an einer Stange im Lager erhängt.

Ein junger Bursche, der ebenfalls aus dem KZ zu fliehen versuchte, wurde gefaßt. Ihm wurde die gestreifte Kleidung mit roten Flecken – als Zeichen für den Fluchtversuch – angezogen. Er dachte, daß der Tod an ihm schon vorbeigegangen sei. Doch nach sechs Monaten wurde dem Gefangenen auf dem Appellplatz der Befehl des Kommandanten vorgelesen, und der Bursche wurde erhängt.

Das Leben eines Gefangenen hatte für die Machthaber keinen Wert und für sein Leben trug niemand Verantwortung.

Die Gefangenen hatten große Angst, krank zu werden. In diesen Fällen wurde man ins Med.-Revier geschickt, doch von dort wurden die Kranken als Tote hinaus getragen.

Erschreckend war die Vielfalt der Torturen. So wurden drei Gefangene so stark von SS-Soldaten geschlagen, daß ihre Köpfe blau wurden, die Augen wegen der Anschwellungen nicht zu sehen waren. Sie wurden durch alle Blöcke geführt, um sie allen zu zeigen. Dann wurden sie auf die Lagermauer geworfen – man imitierte den Fluchtversuch – und die Wache von den Wachtürmen erschoß sie.

Das KZ-Lager befand sich in den Bergen. Die Blöcke waren terrassenförmig angelegt. Unten befanden sich der Appellplatz, die Küche, das Revier, das Bad (Waschraum), der Strafbunker, die Blöcke 1, 18 und 19 sowie die Wache. Hinter dem Stacheldraht befand sich das Krematorium. Von der Höhe des 11. Blocks, in dem ich war, konnte man das Krematorium, aus dem der Geruch des verbrannten Menschenfleisches zu riechen war, gut sehen.

Die KZ-Häftlinge hatten keinen Kontakt zu der Zivilbevölkerung, weil sie hinter Stacheldraht lebten und in einer ebenfalls mit Stacheldraht eingezäunten Zone arbeiteten.

Im Sommer, am Wochenende und an den Feiertagen spielte auf dem Appellplatz eine große Kapelle. Die Ältesten, Schreiber und Wächter aus dem KZ hatten eigene Musikinstrumente – der eine ein Akkordeon, der andere eine

Harmonika oder etwas anderes – und nachts veranstalteten sie öfters Belustigungen.

Im März 1945 hatten wir Gerüchte bekommen, daß vom Westen her die Amerikaner im Vormarsch sind, und im April hatte die Evakuierung des KZ-Lagers (...) begonnen. Ich war zur damaligen Zeit Häftling des 11. Blocks. Am 17. April[17] wurden wir, 5000 Menschen, in einer Kolonne, bewacht von SS-Soldaten, auf den Weg getrieben. Das Wetter war regnerisch und kalt. Es war eine Reise der Geister. Hungrige, erschöpfte, niedergeschlagene Häftlinge konnten kaum ihre Füße bewegen. Gott hüte dich, wenn du fällst – aufgestanden ist man nicht mehr, die SS-Soldaten erschossen sie gleich.

Der Marsch dauerte 4 Tage. Die erste Übernachtung war in einem Wald auf einer Lichtung, und es regnete damals die ganze Nacht. Als wir in der Früh weiter getrieben wurden, blieben auf unserem nächtlichen Rastplatz viele von der Kälte erstarrte Menschen liegen, die die Wache noch dazu erschoß.

Der Morgen des 21. Aprils 1945 war warm und ohne Regen. Etwa um 10 Uhr lief die Wache weg und wir hörten die Schüsse der Maschinengewehre und Detonationen. Wir sahen, wie die Deutschen mit Autos in Richtung der Stadt Cham flüchteten und kurz darauf sahen wir die amerikanischen Panzer kommen.

Nach vier Tagen des Marsches überlebte nur die Hälfte von 5000 Menschen, der Rest war durch Kälte und Hunger ums Leben gekommen oder erschossen worden.

Nach der Befreiung lebten wir einige Zeit auf deutschem Terrain, und im Mai 1945 wurden wir von den Amerikanern (...) in Autos in die Tschechoslowakei gebracht.

Ich wollte sehr gerne in die Ukraine, in meine Heimat zurückkehren. Nach dem Befehl eines Vertreters der Sowjetarmee wurden wir von der Tschechoslowakei nach Österreich in die Stadt Zwettl geschickt, von wo aus ich durch das Kriegskommissariat in die Armee berufen wurde.

25. Januar 2001

O.O. Tkatschenko [gez. Unterschrift]

Erinnerte Geschichte

8. KZ Flossenbürg, nach 1945 (bereits ohne Wachtürme).

Ernst Nonnenmacher

Es waren zwei Welten

Ernst Gottlieb Nonnenmacher, als uneheliches Kind am 11. März 1908 in Stuttgart geboren. Nach Besuch der Volks- und Bürgerschule verließ er 14-jährig diese. Persönliche Probleme und finanzielle Schwierigkeiten führten zu Konflikten mit Jugendamt und Polizei. Zieht dann bis 1940 als Wanderbursche und Wohnsitzloser durch die Lande, entgeht immer wieder dem Militärdienst und Reichsarbeitsdienst. Wegen Diebstahls zu neun Monaten Gefängnis verurteilt. Nach Ablauf der Strafe als so genannter Vorbeugehäftling von der Gestapo verhört und schließlich in das Konzentrationslager eingewiesen.

Das Gespräch fand statt am 17. Mai 1980 in der Wohnung von Ernst Nonnenmacher in Mainz. Es dauerte etwa vier Stunden.
Gesprächsteilnehmer:
Herr Ernst Nonnenmacher, zum Zeitpunkt des Gesprächs 72 Jahre alt (N),
Frau Christiane Ederer, Lehrerin, zum Zeitpunkt des Gesprächs 31 Jahre alt (Chr),
Herr Volker Backöfer, Lehrer, zum Zeitpunkt des Gespräches 29 Jahre alt (V),
Herr Dr. Frank Nonnenmacher, Lehrer, zum Zeitpunkt des Gesprächs 36 Jahre alt, Neffe von Ernst Nonnenmacher (F).

Es waren zwei Welten

(...)
N.: Das war die Diebstahlsgeschichte mit den neun Monaten. Und dann war ich ja weg. Dann war ich kassiert. Und das hab ich verbüßt und dann das Gefängnis Mannheim und da war ich dann in Untersuchungshaft und jedenfalls im Januar 41 war ich dort fertig. Und da hat man dann im Gefängnis schon gehört, daß da die Vorbeugehaft üblich war und die Schutzhaft, ja, für Leute, die aus den Gefängnissen kommen. Und ich habe mich dann zu dem Assessor vorführen lassen und habe ihn gefragt, und ich habe gesagt, dann und dann werde ich entlassen. Werde ich entlassen oder komme ich in Schutzhaft? Der hat dann gemeint, nein, es liegt nichts vor. Und ich bin dann auch entlassen worden, in Mannheim. Und bin dann nach Stuttgart gefahren, bin nach Hause, ja und da gab es in der Zwischenzeit Lebensmittelmarken. Zu Lebensmittelmarken brauchst du ja eine polizeiliche Anmeldung, also mußte ich mich anmelden. Habe mich aber erst um Arbeit bemüht und hatte auch eine Stelle in Vaihingen gekriegt. Und bin dann am

anderen Tag aufs Polizeipräsidium, um mich anzumelden. Und auf der Meldebehörde hat er dann gefragt, wo kommen Sie denn her, von Mannheim? Aha, warten Sie einen Moment. Und dann kommt einer von der politischen Abteilung und hat mich gebeten mitzukommen und hat gesagt: So mein Freund, jetzt wollen wir uns mal unterhalten.

Ja, um was geht's denn? Ich wollte mich hier nur anmelden, ja, ich will morgen früh anfangen zu arbeiten. Vom Arbeitsamt der Nachweis, daß ich da war, und daß ich eingestellt bin und ich muß noch meine Lebensmittelkarten holen ...

Nein, sagt er, das machen wir lieber nicht so, ja, weißt du, wir haben Krieg, und Leute wie dich lassen wir in der Kriegszeit nicht gerne frei herumlaufen. Das können wir uns gar nicht leisten. Dich sperren wir ein.

Da sagte ich, wieso, was wollen Sie, ich komme doch erst raus usw.

Da sagt er nein, nein, wir haben da Lager für solche Zwecke eingerichtet.

Und ich habe zwei Stunden lang versucht, das ... ich glaube, ich habe in meinem Leben nie so viel und so wichtiges gesagt wie in diesen zwei Stunden, wo ich mich mit dem da auseinandergesetzt habe. Und manchmal, ich hatte das Gefühl manchmal, jetzt hast du ihn soweit, er sagt, naja, ich laß' dich laufen, ja. Und dann hat er gesagt, nein, ich kann's nicht. Deckel zugemacht und: Abführen!

Und dann kam ich oben in Polizeihaft. Und das hat dann etwa 10 Wochen gedauert, denn das ging ja dann den bürokratischen Weg über die politische Polizei usw. usw. Und nach etwa 10 Wochen hieß es dann, ja, du gehst auf den Transport nach Flossenbürg, ja, und als Asozialer, Arbeitsscheuer und Wehrunwürdiger wurde ich dann da eingeliefert. Dieses Flossenbürg liegt hart an der tschechischen Grenze, ziemlich kalte Heimat und ist ein bißchen hoch und hat in dieser Zeit keinerlei Industrieansiedelungen gehabt. Liegt da bei Cham da hinten im Bayerischen Wald. Und das einzige Geld, was außer der kärglichen Landwirtschaft da reinkam, waren dann Steinbrüche, es waren Granitsteinbrüche in dieser Ecke, ja. Und dieses Lager war auf einem solchen Granitsteinbruch, also einem abgebauten Granitsteinbruch aufgebaut, d.h. wurde es erst später, das war noch ganz im Anfang, also die Baracken waren noch provisorisch.

F.: Also, 1941 bist Du ins KZ gekommen?

N.: Ja, 41.

V.: Und sind da noch mehr Leute mit Dir mitgekommen?

N.: Ja, das war ein Transport mit, also von Stuttgart aus, waren es vielleicht 8 oder 10, darunter auch Politische, also „Vorbereiter", deshalb muß ich da noch sagen, also die Politischen, ich muß das deutlich sagen, wenn man heute immer wieder hört: „Der Kampf der Demokraten in den Konzentrationslagern wurde von allen geführt, von Kommunisten, von Sozialdemokraten, von Christen, von ..., von..." Das ist einfach nicht wahr. Der politische Kampf in den Konzentrationslagern wurde geführt von Kommunisten. Denn 95% der politischen Gefangenen in den Konzentrationslagern waren Kommunisten. Und die restlichen 5% haben sich aufgeteilt auf alle anderen. Da waren auch ein paar Sozialdemokraten dabei.

F.: Mit 95% meinst Du jetzt wahrscheinlich ...

N.: Nein, das meine ich nicht, das ist an dem. 95% der Roten, der Rotwinkelträger waren Vorbereiter. Waren alle bestraft wegen Vorbereitung zum Hochverrat. Haben da zwischen zwei und so und so viel Jahren gekriegt und gingen dann automatisch ins KZ.

F.: Und Flossenbürg, war das auch ein rotes KZ?

N.: Nein, Flossenbürg war ein grünes Lager. Das ist auch, der Kogon hat es eigentlich in seinem Buch „Der SS-Staat" gesagt: Die Winkeleinteilung, also der grüne Winkel wurde auch damals schon als der Winkel der „Berufsverbrecher" bezeichnet. Was ja eben einfach auch von der Sache her nicht stimmte, denn der BVer, was den grünen Winkel bedeutet hat, das hieß gar nichts anderes als „Befristeter Vorbeugehäftling".

F.: Ja, das beschreibt er ja auch so.

N.: Ja, der Kogon sagt das. Der befristete Vorbeugehäftling war der, wie ich also, der aus einer Strafhaft kam, ja, und nicht auf die Leute losgelassen werden sollte und versteckt werden sollte und nach einer gewissen Zeit ...

F.: Nee, Du warst doch gar kein „Grüner", du warst doch ein „Schwarzer"?

N.: Nein, ich war ein „Grüner".

F.: Du bist mit einem grünen Winkel nach Flossenbürg ...?

N.: Nein, ich bin mit einem schwarzen .... Wenn du ins Lager kommst, dann hast du ja noch keinen Winkel. Ich bin als Asozialer, Arbeitsscheuer ins Lager gekommen und hätte danach einen schwarzen Winkel gekriegt. Einen schwarzen Winkel hatten die Zigeuner.

(...)

N.: Und ich hatte dann bei der „Lagerprominenz" einen Bekannten, der mich sofort rausgegriffen hat und gesagt hat: „Ernst, mit einem schwarzen Winkel gehst Du hier ein." Also die Asozialen, das waren in der Klassengesellschaft des Lagers auch wieder der „letzte Dreck".

F.: Lieber grün als schwarz?

N.: Ja, natürlich, vor allen Dingen in einem grün geführten Lager. Denn die haben das doch fabelhaft verstanden. Dieses Lager war eigenständig ... von den Häftlingen verwaltet, unter der Aufsicht der SS. Das war ja das teuflische, das war ja das teuflische daran, ja, daß die SS nicht etwa selbst etwas in dem Lager ... die hat nur beaufsichtigt. Die hat sich Häftlinge herausgepickt, hat sie mit Funktionen versehen, ja, und hat gesagt, das und das hast du zu tun. Diese Funktion garantiert dir praktisch dein Leben. Das ist eine Lebensversicherung.

F.: Warst du BVer oder SVer?

N.: Ich war BVer.

F.: Das waren Vorbeugehäftlinge oder Sicherungsverwahrte. Also die SVer sind solche, die eigentlich noch in der Strafhaft waren. Und BVer sind „befristete Vorbeugehäftlinge" oder im Jargon dann „Berufsverbrecher"?

N.: Ja, ja. Aber wie gesagt, in einem grün geführten Lager, wie gesagt, als ich da hinkam, waren ja schon eine Menge Polen da. Also drei Viertel der Lagerbelegschaft waren Polen, junge Polen vor allen Dingen. Und dafür brauchte man ja Funktionshäftlinge, ja. Also in dem Moment, wo die SS dich zu einem Funktionshäftling gemacht hatte, egal ob Vorarbeiter oder ob Stubenältester oder Blockältester oder in der Schreibstube oder was das auch immer war, oder als Putzer bei einem ... In dem Moment warst du praktisch in Deckung. Das war fast eine Lebensgarantie. Wenn du körperlich einigermaßen fit warst. Und wenn du diesen entsetzlichen Fraß, zu dem du nur ganz wenig dazu organisieren konntest oder fast nichts, über Jahre ertragen konntest. In Flossenbürg gab es vom 1. Januar bis zum 1. Juli jeden Tag Weißkohl. Als Eintopf mit zwei oder drei Kartoffeln in den großen Kesseln drin und vielleicht auch sieben Büchsen Fleisch für 3000 Liter. Und vom 1. Juli bis zum 31. Dezember gab es jeden Tag Steckrüben, nichts anderes, nur diese zwei Mahlzeiten, nichts anderes, das ganze Jahr über nicht ein einziges Mal etwas anderes.

Chr.: Und das gab es einmal täglich?

N.: Ja, einmal täglich. Zur Mittagszeit oder morgens gab es (das). Abends, wenn die Kolonnen eingerückt waren auf die Blocks, da haben dann die Funktionshäftlinge die Kommißbrote aufgeteilt, also da hat jeder ein Viertel Kommißbrot gekriegt, ja, und es wurden sinnreiche Vorrichtungen konstruiert mit scharfen Drähten, um das dann auch zu schneiden, da kam es auf das Zehntel Gramm an und die Margarine-Portionen wurden mit Fäden, mit Zwirn, geschnitten und aufgeteilt. Zweifellos die Prominenz, die Funktionshäftlinge haben sich natürlich erst mal ihren Teil weggenommen. Was übrigens bei 300 Mann, die auf dem Block lagen, dann konnten meinetwegen der Blockälteste und die zwei Stubenältesten nicht so viel fressen, daß das entscheidend ins Gewicht gefallen wäre für die 297 anderen.

V.: Bei der Einlieferung, wie ist die Prozedur da gegangen, nachdem ihr da hingekommen seid? Was wurde da zuerst gemacht?

N.: Also, das fing eigentlich an auf dem Bahnhof in Weiden. Also bis zum Bahnhof in Weiden waren wir unter der Bewachung von Justizbeamten, weil der gleiche Schub dann Gefangene von der Untersuchungshaft in Strafanstalten gebracht hat ... Und wir wurden dann in Weiden am Bahnhof ausgeladen, und da stand dann eine Gruppe von SS-Leuten und da waren VW-Kombis und da war es eigentlich noch ruhig. Dalli, dalli, rein, rein! Und nun gab es den einen oder den anderen, der aus dem Lager zu einer Verhandlung kam. Als Zeuge oder was immer. Und die dann schon wußten, was da los ist. Und die uns auch geimpft haben, die uns gesagt haben, hört mal zu, das und das, so und so läuft das ab. Also, wir sind dann schon sehr schnell aus dem Schubwagen raus und in den Transportwagen von der SS, in dem Moment waren wir bei der SS (an)gekommen. Das ist ein ziemlich weiter Weg von Weiden hoch nach Flossenbürg. Es geht da steil hoch. Das sind, glaube ich, hundert Meter oder noch mehr. Auf einer verhältnismäßig kurzen Strecke steigt es an. Und da fuhren wir dann rein in das Lager, und da wurde die Tür aufgerissen und da gab es schon die ersten Prügel beim Aussteigen. Also, wer dann nicht raus und um die Ecke war, den hat es schon erwischt. Die SS-Chargen standen ein Stück weit weg und die Lagerprominenz stand am Tor. Man hat ja nichts dabei gehabt, das bißchen Gepäck, was der einzelne hatte, ja, das war extra angeliefert worden. Wir hatten noch Zivil an. Wir standen etwa zwei Stunden am Tor. Wir haben stillgestanden und den Bammel hatten wir ja, daß man nicht nachlässig sein durfte, so hat man versucht, stehenzubleiben und nach etwa zwei Stunden sind dann die Kolonnen eingerückt aus dem Steinbruch.

F.: Zwei Stunden stillgestanden?

N.: Erstmal ja. Und das ist eine Kleinigkeit gewesen gegen Dinge, die dann später gefordert wurden. Ja, also wie gesagt, dann rückten die Kolonnen von den Steinbrüchen ein und dann war Appell. Das war dann das prägende Erlebnis. Die Kolonnen kamen rein und haben sich dann aufgelöst, gingen zu ihren eigenen Blocks, die ihre genau bestimmten Plätze hatten, wo sie anzutreten hatten, sind dann angetreten und dann kam der Schutzhaftlagerführer auf den Appellplatz, ging an sein Schreibpult und dann kam das Kommando „Stillgestanden!" und anschließend „Mützen ab!", und zum Glück hatte ich keine Kopfbedeckung dabei, aber die anderen hatten teilweise Mützen, teilweise Hüte und das ging dann ... das haben die Häftlinge bis zum Erbrechen geübt, denn, wenn „Mützen ab!" auf dem Appellplatz nicht geklappt hat, hat das bedeutet, daß sie das dann stundenlang üben mußten auf dem Appellplatz. In klirrender Kälte und in strömendem Regen oder in sengender Hitze. Wenn die Sau von Schutzhaftlagerführer der Meinung war, „Mützen ab" hat nicht geklappt, dann wurde das geübt. Also, da durfte nichts daneben klappen, ja, das Anschlagen der Hand an die Mütze, das Abreißen und das Anschlagen am rechten Oberschenkel, das mußte sekundengenau und ohne daß einer vor- oder nachklappte, geschehen. Und da das bei uns nun, wir waren etwa dreißig, alle Neuzugänge, natürlich nicht geklappt hat, gab es dann die ersten Prügel. Und in dem Moment, ich war dann ... also „Entsetzen" ist nicht der Ausdruck, der dafür genügt. Ich hab' es nie für möglich gehalten, daß man von einem anderen Menschen auf diese Art entwürdigt werden kann. Verstehst du? Es wird dir bewußt gemacht, daß du nicht etwa kein Mensch, sondern etwas absolut

Wertloses, sogar Dreck hat vielleicht ... du bist ein absolutes Nichts. Alles, deine Persönlichkeit ist ausgelöscht in dem Moment, wo dir das bewußt wird. Es ist auch eines dieser Kapitel, über die so viel gelogen und geheuchelt wird. Sie waren alle viel feiger, als im Nachhinein gesagt wird. Auch die Politischen waren viel feiger. Es gab keine Aufstände, es gab keine Gegenwehr. Sie wollten alle überleben. Alle! Die Schwarzen, die Grünen und die Roten. Und was da in Buchenwald passiert ist, in der Endphase, als die Geschichte sich schon aufgelöst hat, als bei Aktionen der SS nichts mehr erwartet werden konnte und auch nichts mehr geschah, da haben sie dann ein bißchen gemeutert. Aber sonst ist in allen Lagern gehorcht worden bis zuletzt. Es ist im Gehorsam verreckt worden millionenfach und es wurde sogar auf den letzten Fluchttagen, als die Möglichkeit gegeben war, nicht dagegen gemeutert. Man hat gehofft, hoffentlich geht es zu Ende, hoffentlich überlebe ich. Alles andere ist gelogen.

Später dann, als die Kriegslage das Motto der Häftlingsverwahrung umgedreht hat, also bis 42/43 hatte das Motto geheißen: „Der Häftling ist nutzbringend zu vernichten." Der Gedanke stand dahinter: Wir wollen ihn kaputtmachen, aber er soll nach Möglichkeit noch ein bißchen etwas bringen. Meinetwegen in Steinbrüchen. Da wurden die Steine gebrochen und hergerichtet, die für Hitlers Nachsieg-Triumphbauten dringend gebraucht wurden. Und Ende 42, als sich herausgestellt hat, daß die Sache in Rußland doch etwas länger dauert, dann kam die Parole auf: „Die Arbeitskraft des Häftlings ist zu erhalten." Es sind da ja riesige Betriebe aufgebaut worden in den Lagern. Es gab kein Gewerbe, das nicht dort ausgeübt wurde. Denn es gab ja auch unter den Häftlingen alle Berufe, alle Fertigkeiten, die zur damaligen Zeit gebraucht wurden. Die Leistungen waren natürlich größer als in der freien Wirtschaft, die damals natürlich auch nicht mehr frei war, in der Kriegswirtschaft, in der normalen Kriegswirtschaft, von in der freien Wirtschaft Arbeitenden wurden vielleicht 10 Stunden Arbeitszeit erwartet und verlangt (...), dafür auch noch was bezahlen mußte, und dafür auch noch Lebensmittel zur Erhaltung der Arbeitskraft in ausreichender Menge bereitstellen mußte, war der Häftling ja an keine Arbeitszeit gebunden. Also, wenn der 14 Stunden arbeiten sollte, hatte er die zu arbeiten. Und Bezahlung gab's nicht. Und die Verpflegung hatte ich geschildert. Sie war in Sachsenhausen etwas besser, wo ich später hinkam.

F.: Wann bist du nach Sachsenhausen gekommen?

N.: Ich kam nach Sachsenhausen Ende 1942.

F.: Und da warst du bis zum Schluß?

N.: Da war ich bis zum Schluß. Übrigens, das ist eigenartig. Ich erinnere mich noch ganz genau, als der Schutzhaftlagerführer in Flossenbürg den Kriegseintritt, d.h. den Beginn der Kriegshandlungen gegen die Sowjetunion, bekanntgemacht hat. Wir waren nicht ausgerückt. Ich weiß nicht warum.

Vielleicht deshalb. Wir kamen auf den Appellplatz, wir wurden auf den Appellplatz befohlen, das übliche Zeremoniell, die Meldungen erst, der Blockälteste kriegt von seinen Stubenältesten die Meldung über die Belegschaft und ...

V.: ... wer krank ist oder so?

N.: Auch. Der Blockälteste geht zum Blockführer, zum SS-Mann, ja, gibt ihm die Liste mit der Belegschaftsstärke, soundsoviel Revier..., soundsoviel kommandiert ..., wenn sie außerhalb des Tages irgendwo arbeiten und der Blockführer geht die Reihen ab, zählt, ob es stimmt, der Blockführer geht dann zum Schutzhaftlagerführer, das heißt, nein, zu dem Onkel da am Pult, der dann die Meldungen der Blockführer entgegennimmt, werden dann die Rechnungen zusammengezählt, stimmt, stimmt, stimmt und er meldet dann dem Schutzhaftlagerführer: Schutzhaftlager Flossenbürg zum Appell angetreten, ja, und soundso die Stärke, soundsoviel Revier, soundsoviel kommandiert usw. Und dann halt: Mützen ab! und dann Mützen auf! und dann kam der Schutzhaftlagerführer und hat gesagt: „Also, Lumpen, ich will euch mal was sagen, seit heute morgen haben wir Krieg mit den Russen, wenn von euch gar nun einer sagt, daß Deutschland nun jetzt den Krieg verliert, dann gibt es 25 auf den Arsch."

So habe ich den Beginn der kriegerischen Verwicklungen mit der Sowjetunion zur Kenntnis bekommen.

F.: Diese 25 auf den Arsch, das war der berühmte „Bock"?

N.: Ja, das war der berühmte Bock.

Chr.: War das öffentlich?

N.: Das war öffentlich. Das war auf dem Appellplatz. Der Bock wurde mitten auf den Appellplatz gestellt, und das Lager stand und hat den Vollzug der Strafe mit angesehen. Die wurde nicht willkürlich verhängt, das war ganz offiziell. Das ging an die politische, also der Antrag wurde gestellt vom Schutzhaftlagerführer, ging an die politische Abteilung und was weiß ich, Reichssicherheitshauptamt, ja, also wenn du 25 auf den Arsch gekriegt hast, die hast du nicht sofort gekriegt, das hat mindestens drei Wochen gedauert, bis das den Instanzenweg vor und zurück kam. Das war „rechtsstaatlich" für die damaligen Begriffe.

F.: Aber erschossen worden bist du schnell, oder ...?

N.: Aber nicht offiziell, sondern nur bei einem Fluchtversuch.

F.: Ja, der konnte ja konstruiert werden?

N.: Der wurde konstruiert.

F.: Wie ging denn das?

N.: Ha, das war ganz einfach. Wenn meinetwegen, als ich nach Flossenbürg kam, da war der Lagerzaun noch ziemlich provisorisch, ja, einfach mit Pfählen eingehauen und Stacheldraht verspannt, noch nicht elektrisch geladen, ja, und die Wachtürme standen dort mit SS-Leuten oben und wenn du irgendwie weg solltest, da hat dich irgendeiner genommen, hat deine Mütze in den Zaun geworfen und hat gesagt: Hol' deine Mütze! – Und wenn du nicht in Nullkommanichts vom Zaun weg warst, wurde geschossen. Ganz willkürlich.

F.: Und wenn er sie nicht geholt hat?

N.: Ha, da haben sie dich tot geprügelt. Da hat dich der Blockführer erschossen ohne ... nur weil du den Gehorsam verweigert hast. Da gab es nichts anderes. Du hast genau gewußt, wenn du sagst: „Nein, ich hole sie nicht", dann erschießt er dich. Durfte er, das durfte er. Präventivmaßnahmen! In dem Moment, wo die Gefahr bestand ... in dem Moment, wo ein Schuß fiel, mußten sich alle flach auf den Boden legen. Überall in den Steinbrüchen, überall, jeder Häftling mußte sich flachlegen, sobald ein Schuß fiel.

V.: Damit er nichts sieht?

N.: Nein, damit von vornherein jede Möglichkeit eines Aufstandes, einer Rebellion vermieden wird. Er sollte ja sehen.

F.: Hast du das mal erlebt, das mit der Mütze?

N.: Das nicht, aber ich habe erlebt, wie ein alter Jude, der es im Steinbruch nicht mehr aushalten konnte, an den Zaun lief und reinging, also am Steinbruch war ja auch ein Zaun, außer der Postenkette, und gesagt hat: „Posten schieß!" Das habe ich mit angesehen.

F.: Und der hat geschossen?

N.: Ja, natürlich. (...) Die Posten haben unter sich ausgemacht, wenn einer in Urlaub wollte, da haben sich zwei oder drei Posten abgesprochen, ja, und der eine hat die Mütze genommen und hat sie weggeworfen, hol' deine Mütze. Und der in Urlaub wollte, hat ihn dann umgelegt.

F.: Dafür hat er dann Sonderurlaub gekriegt?

N.: Dafür hat er dann Urlaub gekriegt und eine offizielle Belobigung. Für sein umsichtiges, tapferes Verhalten bei dem Fluchtversuch des Häftlings sowieso, ja. Da gab es keine Zweifel. Und wie gesagt, also, ich hatte ja das Glück, daß ich dann von dem Lagerältesten, der mich gekannt hat, in eine Position geschoben wurde, ja, ich wurde dann praktisch Putzer bei einem Untersturmführer. Mußte dem seine Bude in Ordnung halten und seine Stiefel blank reiben, seine Kleider ausbürsten usw.

F.: Das war ein guter Posten?

N.: Das war er, ja, nur. Der hat mir dann auch gesagt, also hör' mal zu, wenn ich mal irgendwie vergesse, daß irgendwo eine Packung, wo noch zwei Zigaretten drinliegen, die kannst du dir nehmen. Die hab' ich dann vergessen. Also, er durfte mir ja nichts geben offiziell. Und er hat auch jeden Tag ein paar Zigaretten vergessen. Er hat auch mal einen Kanten Brot liegenlassen, also das kam schon vor.

F.: Warst du auch mal auf dem Bock?

N.: Ja, ich war auch mal auf dem Bock. (...)

W a f f e n - SS
Kommandantur
Konzentrationslager Flossenbürg
Abt.Ia.Arb.Eins.Az.:14/4/4.42/Kü./Brü.

Flossenbürg, den 16.April 1942.

Betreff: Monatsbericht für Arbeitseinsatz.
Bezug : Verfg.J.K.L.Az./Arb.Eins./14/12.41/Bu./Hag.v.11.12.1941.
Anlagen: -.-

An das
SS-Wirtschafts-Verwaltungshauptamt
Amtsgruppe D - Konzentrationslager
Amt D II
O r a n i e n b u r g bei Berlin.
Stabsgebäude.

Gesamtzahl der Häftlinge:

Gesamtzahl des Vormonats	3153	(1642)
Neuzugänge	131	(----)
Abgänge	125	(45)
Gesamtzahl am 15. April 1942	3159	(1597)

Unterbringung:

Jn der Unterbringung der Häftlinge hat sich gegen den Vormonat nichts geändert.
Zur Unterbringung der Sowj.Kriegsgefangenen werden vier neue Unterkunftsbaracken errichtet, mit deren Fertigstellung in zwei Monaten zu rechnen ist. Dann können die bisher mit Sowj.Kriegsgefangenen belegten Baracken für Unterbringung weiterer Häftlinge freigegeben werden.
Die Häftlingsküche und Vorratsräume sind einwandfrei und sauber.
Das Häftlingsrevier ist durch Umbau vergrössert worden und genügt zur Unterbringung von 200 Häftlingen.

Verpflegung:

Die Verpflegung der Häftlinge ist der heutigen Ernährungslage entsprechend. Das Mittagessen besteht zum Teil aus Kartoffel, Rüben, Weisskohl und Gemüse.
Das Essen ist gut und schmackhaft gekocht.
Alle in der Steinindustrie, sowie bei Erdarbeiten eingesetzten Häft-

linge erhalten Schwerarbeiterzulagen.

Bekleidung:

Die Bekleidung der Häftlinge konnte bisher noch in einem guten, sauberen Zustand erhalten werden.
Von allen Häftlingen, die in einem geschlossenen Raume arbeiten, wurden die Lederschuhe eingezogen und dafür Holzpantinen ausgegeben. Die Lederschuhe werden in den Sommermonaten wieder in Ordnung gebracht, damit für den Winter wieder gutes Schuhzeug vorrätig ist.

Gesundheitszustand:

Die allgemeinen gesundheitlichen und hygienischen Verhältnisse haben sich gegen den Vormonat wesentlich gebessert.
Die durchschnittliche Belegzahl des Krankenbaues betrug 152 Häftlinge (im Vormonat 170 Häftlinge)
Die Zahl der Schonungskranken 122 Häftlinge,
(im Vormonat 120 Häftlinge)
Verstorben sind 85 Häftlinge,
(im Vormonat 117 Häftlinge)
Ausserdem sind zur Zeit 65 schwache Häftlinge nicht eingesetzt.
(im Vormonat 130 Häftlinge)
Bedingt arbeitsfähige (Alte und Körperschwache) sind 186 Häftlinge.

Bei den Sowj.Kriegsgefangenen hat sich der Gesundheitszustand gegen den Vormonat nicht wesentlich geändert.
Verstorben sind 43 Sowj.Kriegsgefangene.
(im Vormonat 27 Sowj.Kriegsgefangene)
Von den 1597 Sowj.Kriegsgefangenen sind zur Zeit 1150 Sowj.Kgf. arbeitsfähig, davon sind bisher 300 Sowj.Kgf. als Steinmetzlehrlinge und 200 Sowj.Kgf. als Hilfsarbeiter eingesetzt.
Weiterer Einsatz von 500 Sowj.Kgf. erfolgt im Laufe des Monats.

Überstellungen:

Überstellt wurden 2 Sowj.Kriegsgefangene und 1 Häftling nach dem K.L.Mauthausen. Überstellungen von anderen K.L. nach hier fanden nicht statt.

-3-

10. Monatsbericht über den Arbeitseinsatz, 16.4.1942 (Seite 1 und 2).

V.: Kannst du mal beschreiben, wie das ging, wie der ausgesehen hat?

N.: Das ist ganz einfach, das ist ein Gestell, das ist so hoch, ja. Das hat am vorderen Ende so eine Art Eintritte, das mußt du dir vorstellen wie einen Schemel, ja, da gehst du mit den Füßen unter den Schemel, aber dahinter ist dann ein Brett oder eine Latte, also du kannst dann im Moment, wo du drin bist, kannst du nicht mehr raus, weil du ja das Bein nicht mehr krumm machen kannst. Wenn du aus dem Schemel raus willst, mußt du ja so machen, das kannst du nicht, das Bein ist ja gestreckt an dem Bock. Da kommt ein Riemen über das Kreuz und so liegst du dann und kannst dich nicht mehr rühren, kannst nicht mehr raus.

F.: Und mit was wird dann geschlagen?

N.: Mit Ochsenziemer ... unterschiedlich. Wenn es keine Ochsenziemer gab, dann haben sie eben Buchen- oder Eichenstöcke oder Stiele, so genau kam es da nicht an, genommen. Also, die offizielle Art waren Ochsenziemer. Also wie gesagt, bei dieser Arbeit, die ich da hatte, kam eines schönen Tages der Blockführer und sagte: „Hör' mal zu, das machst du doch in zwei Stunden. Du kannst doch auch noch das Kantinelager mitnehmen." Das war die SS-Kantine, die hatten da unter einem Block, wo Bekleidung drin war, so eine Art Keller, und da hatten die dann Büchsenbestände, u.a. auch noch einige Hundert Flaschen Schnaps und echten Jamaica-Rum, original beschriftet, den sie irgendwo mal als Beute gemacht haben. Da mußte ich jede Woche einmal saubermachen und durchwischen. Da kam dann ein SS-Mann mit runter, stand dann an der Tür, bis ich saubergemacht hatte. Nach ein paar Wochen kam dann der Lagerälteste und hat gesagt: „Du Ernst, da unten gibt es doch Schnaps, das muß doch möglich sein, da was rauszukriegen." Das hatte ich mir auch damals noch nicht abgewöhnt. Ich hätte ja auch sagen können: „Mensch, das ist unmöglich, der guckt!" – „Das mach' ich schon!" – Und ich hab's auch gemacht.

Chr.: Im Putzwasser?

N.: Im Putzwasser, im Eimer drin. Zwei Flaschen rein, raus und das Putzwasser ausleeren, da war dann so ein Kabäuschen, ich hab' das dann runtergelegt. Hab' ich dann ein Vierteljahr lang jedes Mal zwei oder auch vier Flaschen Schnaps geklaut. Und das wäre nie rausgekommen, ich weiß nicht, ob das überhaupt in einer Liste aufgeführt war. Das war eine ganze Menge. Es waren einige Hundert Flaschen.

F.: Sind die einfach gesoffen worden oder was ist damit gemacht worden?

N.: Die sind gesoffen worden, natürlich. Alkohol ist doch etwas Einmaliges gewesen. Jedenfalls einer von den Funktionshäftlingen, der u.a. den Wasserturm, die Installationen und die ganze Wassergeschichte usw. unter sich hatte, hat sich erwischen lassen, als er da oben auf seinem Wasserturm a) besoffen war und b) dann vom Posten auch noch gesehen wurde, wo er die Flasche versteckt hat. Und sie haben ihn dann geholt und der hat natürlich sofort gesungen, vom wem er's hat. Und da war ich natürlich dran. Da passierte noch gar nichts. Nur Verhör und ich habe nein, nein gesagt, ich habe nur die 2 Flaschen, dachte, es merkt niemand und ich selbst und die „Prominzen" dann: Wem hast du das denn alles gegeben? Und wie gesagt, das ging ja über Wochen, also der Lagerälteste, die ganzen Blockältesten waren doch einige Male „duhn". Die haben nun natürlich gedacht: Steht er oder steht er nicht? ... Und ich habe gestanden! Ich habe gesagt: Nein, ich habe alles selber getrunken. Und: Mir muß das der andere geklaut haben. Ich habe dem nichts gegeben.

Ja, und ich war natürlich sofort die Position los und ging in die Strafkompanie in den Steinbruch, und das ist an sich tödlich. Wenn du als deutscher Funktionshäftling in den Steinbruch gehst, in die Strafkompanie, das ist normalerweise tödlich. Also da mußt du eine ganze Menge im Kreuz haben, daß die anderen dich abdecken. Und das war dann auch, weil ich nicht gesungen habe, war das dann auch im Steinbruch so: Der Kapo im Steinbruch, der die Strafkompanie hatte, der hat furchtbar hinter mir hergebrüllt, Knüppel geschwungen, aber immer so weit vor meinem Körper mit dem Knüppel haltgemacht und gebrüllt, daß der Steinbruch gebebt hat. Aber mir wurde dann auch sofort, das konnte er nicht verhindern, daß ich schwere Steine schleppen mußte. Und schnell und zeitweise im Laufschritt Steine schleppen, das konnte er nicht verhindern. Und dabei sollte ich normalerweise verrecken. Unter der Last der Arbeit und unter völliger körperlicher Erschöpfung zusammenbrechen, nicht mehr können, der Aufforderung, weiter zu arbeiten nicht Folge leisten, also den Befehl verweigern und dann entweder abgeschossen zu werden oder totgeschlagen zu werden. Oder einfach aus Entkräftung oder aus verlöschendem Lebenswillen. ...

V.: Das hast du öfter gesehen, daß das ...

N.: Ja, ja, das war eigentlich etwas Alltägliches.

F.: Daß die im Steinbruch auf diese Weise ... ?

N.: Ja, ja. Und wie gesagt, mir wurde dann auf dem Block auch immer ein bißchen was, Margarine und anderes, extra zugeschoben. Meine Essensration war größer und manchmal auch doppelt und manchmal dreifach. Es wurde deutlich dafür gesorgt, daß ich nicht eingehe. Nach drei Wochen wurde ich dann nach dem Abendappell rausgerufen und da wurde der Bock hergebracht ... und der Dreckskerl von Schutzhaftlagerführer, der hat mich dann von zweien schlagen lassen. Ich habe statt 25 dann 50 gekriegt. Also er durfte, wenn 25 diktiert waren, dann durfte er nicht eigenmächtig sagen 30. Die waren genau abgezählt. 50! Also hat er auf jede Seite einen gestellt. Hat als einer gegolten, die zwei Schläge. Und dann habe ich natürlich sofort so einen Arsch gekriegt, sofort ...

F.: Wieviel hält man da aus? Wie reagiert man da?

N.: Du beißt die ersten drei Schläge vielleicht die Zähne zusammen und sagst, die Schweine, aber nach dem dritten brüllst du doch los. Es wird immer wieder gesagt, daß es da stolze, mutige Häftlinge, die die Prügelstrafe ohne mit der Wimper zu zucken und ohne ihren Schmerz zu zeigen, (gegeben hätte). Also mir ist keiner dieser Fälle bekannt. Und ich habe sehr viele gesehen. Sie haben alle geschrien. Es hat allen weh getan.

Chr.: ... bis zur Bewußtlosigkeit?

N.: Ja, das hat es natürlich auch gegeben. Also die hatten Glück, die abgebaut haben. Das ist passiert. Aber die haben dann weiter prügeln lassen, also, wenn der Klumpen Fleisch da oben lag, das spielte keine Rolle mehr.

F.: Sind auch welche gestorben auf dem Bock?

N.: Also ich hab' es nicht bewußt miterlebt, aber zweifellos dann teilweise nachher. Es gab eine ganze Menge, die in einer körperlichen Verfassung waren, wo im Hof frei gehen schon zuviel war. Verstehst Du? Wie gesagt, ich hatte ja nun das unwahrscheinliche Glück, daß ich körperlich gut drauf war.

F.: Und du hast die 50 überstanden?

N.: Ja, natürlich. Nach dem Appell dann sofort raus! Aber wenn du auf dem Block Freunde hattest, also meinetwegen der Stubenälteste oder der Blockälteste, da wurden dann schon Vorbereitungen getroffen, daß du sofort abgedeckt und ins Bett kamst. Und wenn ... wenn zwischendurch vom Blockführer Kontrollen im Block waren, bist du außer Reichweite gekommen.

F.: Ja, es gab offensichtlich so eine Solidarität zwischen den Gefangenen, zwischen den Häftlingen.

N.: Das hing davon ab, wie angewiesen die anderen auf dich oder auch umgekehrt waren. Also, nur weil ich schön war, bin ich nicht der Vernichtung nicht preisgegeben worden, sondern weil ich dichtgehalten habe.

F.: Jetzt in dem konkreten Fall?

N.: Ja, in dem konkreten Fall.

F.: Und so ganz generell?

N.: Es gibt ein geflügeltes Wort: „Kamerad du stirbst, hast du noch Brot im Spind?“ Verstehst? Also, wenn du Brot im Spind hast, was ich kriegen kann, dann kannst du ruhig verrecken. Man sollte es nicht ganz verallgemeinern, aber das war schon ein Tenor in dieser Frage. Das ganze Zusammenleben bestand aus gegenseitigen Abhängigkeiten. Das wird bei einzelnen, je nach Charakter, auch von einem menschlichen oder politischen Restbewußtsein begrenzt. Aber das A und das O war, ohne jeden Zweifel überleben, überleben, überleben.

V.: Wie war denn so ein Lagerleben, wie hat das denn angefangen, so morgens? Schildere doch mal so einen normalen Tag.

N.: Also, in Flossenbürg war es z.B. ganz entsetzlich, ja, die Pritschen im Block, so mit Strohsäcken gefüllt, waren drei Stock hoch und wenn, ich weiß nicht war es Ende Mai oder Anfang Juni, kam ich nach Flossenbürg, es hat gerade angefangen grün zu werden an den Bäumen, und in Flossenbürg war Bettenbau das A und das O. Wenn um 4 Uhr meinetwegen der Stubenälteste geweckt wird, da mußte blitzartig alles aus den Betten, ja.

F.: Um 4 Uhr war also normalerweise Wecken?

N.: Im Sommer, ja. Also das war weitgehend auch dem Block- oder dem Stubenältesten überlassen, wie er mit seinem Blockführer stand, er mußte mit dem Bettenbau fertig sein, wenn der Blockführer kam, meinetwegen um 6 Uhr, und da wurde tatsächlich an den einzelnen Betten eine Schnur gespannt, wenn einer ganz affig war, da mußte dann die Kante so sein, daß du dich praktisch in den Finger schneiden konntest, ...

F.: Also, Betten d.h. die Decken oder was?

N.: Nein, die Leintücher. Und darauf kam dann die Decke, wo dann eine ganze Reihe durch die Karos auch wieder mit der Schnur ausgerichtet war. Also eine Schikane, das ist, das muß man mitgemacht haben, das kann man nicht erklären. Der Stubenälteste, der hatte dann auch wieder 2 oder 3 Funktionshäftlinge, der konnte ja auch nicht alles machen ... und (die haben) dann wieder runtergerissen und geprügelt ...

F.: Die Funktionshäftlinge haben die anderen Häftlinge auch schikaniert?

N.: Ja, natürlich, weil sie ja gezwungen waren, dem Blockführer, wenn der kam, einen ordentlichen Block vorzuführen.

F.: Und der Blockführer war wiederum ein Häftling?

N.: Nein, der Blockführer war ein SS. Aber das war in allen Blocks gleich. Und vor allen Dingen, dem ging es wahrscheinlich nicht darum, daß nun der Bettenbau so war, wie er wollte, sondern daß er Anlaß hatte, seine Perversität abzureagieren.

F.: Würdest du sagen, die SS-Leute wollten Schikane um der Schikane willen, die waren pervers, sadistisch in der Regel?

N.: Ja, zum großen Teil. Wahrscheinlich wurden sie in ihrer Ausbildung dazu gemacht. Das lernt man natürlich in der Ausbildung, einen Menschen zum Sadisten zu machen. Da gibt es Mittel. Vielleicht steckt in jedem Menschen ein bißchen davon drin. Wenn nicht, dann wurde es eben (befohlen) ... Aber es gibt gar keinen Zweifel, ich habe vorher schon gesagt, daß in der Masse gesehen, der Masse der SS, die an dem Lager beschäftigt war, nur ein verhältnismäßig kleiner Teil direkt im Lager zu tun hatte. Die Masse waren ja die Postenketten, die Bewachungsmannschaften, die kaum mit Häftlingen in Berührung kamen.

V.: Wieviel waren das so ungefähr pro Lager?

N.: Wir hatten in Flossenbürg, weil das, wie gesagt erst im Aufbau war, der Zaun war noch nicht elektrisch geladen, wir hatten sehr eng gestellte Postenketten. Das dürften so ziemlich 100 Mann gewesen sein, die im Lager als Postenkette stand. Das war allerdings nur tagsüber. Nachts waren dann (weniger), also wenn Schluß war, da wurde geläutet, da durfte ja niemand mehr den Block verlassen. Und wer sich außerhalb des Blocks gezeigt hat, wurde sofort geschossen. Ohne Warnung.

V.: Um wieviel Uhr war das?

N.: Das ist unterschiedlich, je nach Jahreszeit und wie es die Lagerleitung festgestellt hat. Wenn sie gesagt hat, der Block ist um 8 Uhr abends zu, dann konntest du nicht die Nase raus strecken, dann wurde sofort geschossen. Da konnte ja die große Postenkette eingezogen werden. Tagsüber, solange die Häftlinge in der Waschküche ... da wurden ja im Lager selbst auch ne Menge Arbeiten ... (verrichtet), der Steinbruch war sehr groß und sehr umfangreich. Da war es wahrscheinlich noch enger. Ich nehme an, es müssten 400 Mann, mit der Ablösung, für das Lager Flossenbürg als Wachmannschaften dagewesen sein.

F.: Wieviel Leute etwa?

N.: Die Blocks waren belegt mit zwischen 300 und 400 ... in zwei Stuben ... das waren zu meiner Zeit ... es dürften zwischen 3000 und 4000 Häftlinge gewesen sein. Während es (später) in Sachsenhausen so zwischen 50 000 und 60 000 waren.

F.: Ja, also, du wolltest so einen Tagesablauf mal schildern. Also um 4 Uhr Wecken, dann Bettenbau ...

N.: .. ja und dann gab es irgend so eine Zichorie-Brühe, ja und da kam es darauf an, ob du dein ganzes Brot schon abends gefressen hattest oder ob du noch ein Stückchen hattest, und wenn du keines mehr hattest, dann hast du auch keines gegessen.

V.: Trockenes Brot?

N.: Ja, zu der Tagesration, die abends ausgegeben wurde, gab es meinetwegen eine Scheibe Büchsenwurst oder Margarine oder auch Marmelade. Es kommt darauf an, wie du das einteilst. Nach Kalorien eingeteilt und wahrscheinlich auch nach den Kosten, ich weiß nicht wie das, also jedenfalls, es war nicht ausreichend, um deine Arbeitskraft, wenn du arbeiten mußtest, also im Steinbruch, wenn du nicht eine Funktion hattest, und wenn du da nicht zusätzlich was organisieren konntest und derjenige, der im Steinbruch arbeiten mußte, oder der keine Funktion hatte, der konnte nichts organisieren, dann bist du eben nach einer gewissen Zeit eingegangen. Verstehst? Aber wie gesagt, die Anzahl der Deutschen, die eingegangen sind, ist dann, je mehr Polen und Ukrainer in die Lager kamen, immer weniger geworden, weil sie kaum mehr für die niedrigen Arbeiten (eingeteilt wurden), entweder sind sie Kapo geworden oder Hilfskapo, und ganz egal, ob das Lager nun grün oder rot war, also die oberen Funktionshäftlinge haben dann schon dafür gesorgt, daß die Mehrzahl der Deutschen, gleichgültig welcher Farbe, ein bißchen in Deckung kam.

(...)

F.: Wie war das Ansehen untereinander bei den deutschen Häftlingen? Unabhängig von den Mehrheitsverhältnissen.

N.: Die Roten waren sehr arrogant den Grünen gegenüber.

F.: Unabhängig von Mehrheitsverhältnissen?

N.: Die Roten ... ich weiß nicht, wie ich das sagen soll. Sie wollten mit den Grünen nichts zu tun haben. Sie wollten sich nicht mit ihnen gemein machen. Kommunikation hat eigentlich nicht stattgefunden, weil ein Verkehr zwischen den Blocks auch sehr beschränkt war. Ich möchte das an dem einen Beispiel darstellen: Der Kommandoführer in diesem Kommando, das war in Sachsenhausen, wo wir zum Granatkörbe-Reparieren eingesetzt waren, das war ein Vorbereiter, also ein Roter. Für diesen Posten war an sich ich vorgesehen, aber da Sachsenhausen ein rotes Lager war, (...) gab es das nicht, daß, wenn auch ein Roter in der gleichen Möglichkeit da ist, daß dann ein Grüner diese Position (innehatte) ... Ich war dann sein Stellvertreter.

F.: Das mußt du, glaube ich, ganz kurz erklären. Ihr habt zusammen in so einem besonderen Kommando Körbe geflochten?

N.: Nein, repariert. Geschoßkörbe, Granatenkörbe.

F.: Und da wart ihr zu zweit?

N.: Nein, da waren wir etwa 80. Aber davon nur 5 oder 6 Deutsche. Alles andere Polen oder Ukrainer.

F.: Und jetzt ging es darum, wer da von diesem Kommando der erste Funktionshäftling wird?

N.: Ja, das wurde der Vorbereiter. Da war eigentlich ich vorgesehen und ich bin auch nicht böse drum gewesen. Ich habe mich auch mit dem Fritz (Fiege) sehr gut verstanden und dadurch ist so etwas ähnliches wie fast eine Freundschaft entstanden. Freundschaft, Kameradschaft. Dieser Fritz war natürlich auf einem roten Block und ich auf einem grünen und irgendwann hat er dann mal gesagt, Ernst, am Sonntagnachmittag, besuch' mich doch mal auf dem Block. Und vor dem Block sind dann immer große Zwischenräume, da waren dann die Häftlinge, saßen oder haben sich unterhalten oder sind umhergelaufen oder womit sie sich die Zeit vertrieben haben.

F.: Sonntags?

N.: Ja, sonntags. Nebenbei bemerkt: Wir sind grundsätzlich sonntags an den Arbeitsplatz raus marschiert, haben extra Posten dazu verlangt, weil wir dann eine Extraverpflegung bekommen haben und an dem Mittagsappell nicht teilnehmen mußten. Wir haben einfach gesagt, wir erwarten Waggons, obwohl wir genau wußten, daß sonntags keine Waggons kamen. Also ich ging dann an dem Sonntagmittag zu diesem Block und ich bin mir vorgekommen, wie wenn Moses durchs Rote Meer geht. Die Wogen haben sich geteilt. Ich will nicht sagen mit einer gewissen Feindseligkeit haben die mich dort durchgehen lassen, aber mit einer absoluten Nichtachtung. Sie haben mich eigentlich, eigenartig, ich weiß nicht, wie ich sagen soll. Und der Fritz saß in der Stube im Block und ich bin dann zu ihm und dann ging er erst zu seinem Stubenältesten und hat dem erklärt, wer ich bin und auch wie ich, daß ich eigentlich einen falschen Winkel habe, und zwar nicht nur daß ich den schwarzen, sondern daß ich eigentlich nach meiner Gesinnung und nach meiner Haltung im Lager einen roten haben müßte und dann, ich will nicht sagen, sie haben dann akzeptiert, daß ich da bin und ... Sonst hat der Verkehr zwischen den Schwarzen oder Roten auf den Blocks kaum oder nicht stattgefunden. In den einzelnen Kommandos war es anders, wenn da Rote und Grüne zusammen waren, da waren sie mehr oder weniger aufeinander angewiesen.

F.: Ich würde gern mal was von dem Kogon vorlesen und du sollst mal sagen, was du davon hältst: „Der überwiegende Teil der BV- und SV-Häftlinge bestand aus üblen, zum Teil übelsten Elementen, die in manchen Lagern zeitweise, in anderen stets eine beherrschende Stellung innehatten und sie gegen die übrigen Gefangenen schwer mißbraucht haben. Zwischen ihnen und den Politischen hat sich ein beständiger, oft offener, teils unterirdischer Machtkampf abgespielt, der je nach Zeit und Umständen zu sehr verschiedenen Ergebnissen geführt hat. Es gab SS-Führer, die entweder ausschließlich oder mit Vorliebe die Kriminellen zur Mitarbeit heranzogen. Übrigens immer nur die BVer nie die SVer und ihnen die wichtigsten Lagerfunktionen übertrugen. Auch an Spitzeln haben die Kriminellen die größte Anzahl gestellt. Schließlich sind sie als nach Stalingrad in der deutschen Armee Not am Mann war, der Auszeichnung teilhaftig geworden, haufenweise in die SS-Verbände eingegliedert zu werden."

N.: Da ist sehr viel Richtiges dran. Da ist sehr viel Richtiges dran! Wie gesagt, die BVer im allgemeinen waren in Haft genommene Straftäter, die ihre Strafe verbüßt hatten, und da waren teilweise natürlich auch Leute dabei mit sehr vielen und sehr langen und sehr erheblichen Strafen für Taten, die eben schon, wie soll ich sagen, Verbrechen waren.

F.: So ist die Distanz der Roten zu den Grünen auch schon erklärbar.

N.: Ja, zweifellos.

F.: Also irgendwo auch berechtigt?

N.: Ja natürlich. Und wie gesagt, es gab rote Lager und es gab grüne Lager. Wo die Häftlingsprominenz aus einer Sorte, wie gesagt, Sachsenhausen war ein rotes Lager, Flossenbürg ein grünes. Übertrieben ist zweifellos die Tatsache, daß der Machtkampf sich abgespielt hat. Da gab es keinen Machtkampf. Wenn ein Schutzhaftlagerführer gesagt hat, das Lager ist grün, dann war das grün. Dann ist ein Grüner Lagerältester geworden und der hat das Vertrauen, nicht das Vertrauen, sondern der hat bestimmte Aufgaben vom Schutzhaftlagerführer gehabt, die er durchzuführen hatte bei Todesstrafe. Und da gab es keinen Machtkampf, da hätte sich kein roter Blockführer gewagt, dagegen anzugehen. Denn der grüne Lagerälteste hatte in dem Moment eine Macht, die für den roten Blockältesten tödlich gewesen wäre, wenn er dagegen angegangen wäre. (...) Man kannte sich nicht, wie ich erklärt habe. Es waren zwei Welten.

Chr.: Also da hat der Machtkampf so praktisch in den Augen stattgefunden, daß man sich auf eine bestimmte Weise ...

N.: Nein, nicht mal das. Also in den Blocks gab es ja keine Möglichkeit. Man ging nicht auf andere Blocks. Ein Roter ging nicht durch einen grünen Block durch oder umgekehrt. Wie gesagt, ich war die Ausnahme, weil ich nun mit diesem Fritz zusammengearbeitet habe und weil wir uns hervorragend verstanden haben, und weil wir uns auch brauchten. Ich habe ihn am Leben erhalten, indem ich dafür gesorgt habe, daß er was zu essen hatte, und er hat mir Deckung gegeben, indem er dafür gesorgt hat, daß ich bald drei Jahre lang schwarz gearbeitet habe und die „Sore" an die SS verfuggert habe und so dafür gesorgt habe, daß Lebensmittel reinkamen, daß was zum Rauchen reinkam, daß wir gewisse Freiheiten hatten.

(...)

V.: Und warum bist du eigentlich verlegt worden von Flossenbürg aus? Was war der Grund?

N.: Wie gesagt, der Grund war, daß damals die Arbeitskraft zu erhalten war. Die haben da im Lager (Sachsenhausen) ein Kommando eingerichtet, in dem Munitionskörbe repariert wurden.

F.: Du konntest Körbe flechten?

N.: Das war ja registriert in meinen Papieren. Da wurden dann aus sämtlichen Lagern in Deutschland, wurden dann sämtliche Korbmacher, die in den Lagern waren, zusammengezogen und unter den Polen und Ukrainern, alle, die gesagt haben, in der Hoffnung, daß sie ein Kommando kriegen, ich bin Korbmacher. Die haben alle keine Ahnung gehabt, die mußte man erst anlernen. Und außerdem, die Arbeit war nicht sehr wertvoll, die wir geleistet haben, die wurde auch von den anderen nicht ... Mit den von uns reparierten Körben, Granatkörben, waren keine großen Schlachten zu gewinnen.

(...)

(Ausschnitt aus dem umfangreichen lebensgeschichtlichen Interview „Ich war zu recht im KZ", 1980; mit freundlicher Genehmigung zum Abdruck durch Prof. Dr. F. Nonnenmacher, Frankfurt)

Wassilij Kowaljow

Ich war da, wo die Lebenden die Gestorbenen beneiden

„Der zivilisierte Mensch ist gefährlicher als der Wilde.“ (Kant)
„Mein Jahrhundert! Mein Tier!“ (M. Zwetajewa)

Ein paar Worte über mich:

Ich, Kowaljow Wassilij Kuzmitsch, der ehemalige Bürger der Sowjetunion, der Bürger R.B., wurde am 1. Januar 1917 geboren. Meine kleine Heimat – das große belarussische Dorf Kozlowitschi, das 15 km von der Stadt Orscha im Gebiet Witebsk entfernt ist.

Meine Eltern waren angestammte Bauern, Landleute, unsere Familie war groß, liegende Güter – etwa 12 Hektar. Im Jahre 1912 zog mein Vater aus dem Dorf in den alleinstehenden Bauernhof, damals herrschte Naturalwirtschaft mit allen Vor- und Nachteilen.

Der Vater war lese- und schreibkundig, deswegen gab es zu Hause eine Menge Bücher, meistens mit kirchlich-geistlichem Inhalt. Meine Mutter starb im Jahre 1919, der Vater heiratete zum zweiten Mal. Es war eine polnische Flüchtige, die außer ihrer Muttersprache auch ein bisschen Deutsch beherrschte (in ihrer Jugend diente sie als Zimmermädchen bei einer deutschen Familie in Warschau).

1931 beendete ich die siebenjährige Schule, wo Josef Petzold die deutsche Sprache unterrichtete; man sagte, dass er ein echter Deutscher war. 1935 absolvierte ich die Pädagogische Hochschule in Orscha. Hier unterrichtete Rosalia Sarchi Deutsch, Münchnerin von Geburt, getaufte Jüdin. Ich studierte gern und erfolgreich. Die Geisteswissenschaften fielen mir besonders leicht, insbesondere Sprachen.

Vor dem Krieg gelang es mir, als Lehrer tätig zu sein. Ich habe russische Sprache und Literatur unterrichtet. Damals blieben die Lehrer aus den Landorten von der Einberufung zum Wehrdienst verschont, weil es unvernünftig war, die Schulen ohne Männer zu lassen. Als in Europa aber der Krieg begann und die Lage den Beginn des 2. Weltkrieges gemahnte, gab es keine weitere Vergünstigung: Ich wurde zur Roten Armee einberufen.

Dann war ich Offiziersschüler an einer Lehranstalt für Kriegsinfanterie in Mogiljow, wo ich die Wehrkenntnisse erlernte. Dort unterrichtete uns in deutscher Sprache Frau Müller (verheiratete Machowenko), eine sowjetische Deutsche aus dem Wolgagebiet.

Es mangelte an Offizieren ... Der Jahrgang unserer Lehranstalt wurde vorzeitig abgeschlossen.

Am 20. Juni 1941 kam ich, der junge Leutnant, in die Stadt Slonim zum Wehrdienst und wurde als Helfer des Leiters der 2. Stabsabteilung der 29. Motorschützendivision bestimmt. Die 2. Abteilung ist Spionageabwehrdienst. Ich habe mich mit dem Stabsdolmetscher bekannt gemacht. „Unterleutnant Waldemar Frost" – hat er sich vorgestellt – „Sie werden trainiert, damit Sie mich ersetzen können ..."

Die erste Nacht habe ich im Dienstarbeitszimmer übernachtet. Am Morgen fuhren wir in das Sommerlager in Bialystok (früher gehörte diese Stadt zu Belarus). Unsere Aufstellung war im Wald neben dem Fluss Suprasl. Soldaten hatten es lediglich geschafft, ein Zelt für Offiziere und ein Holzhäuschen für den General zu bauen. Am nächsten Morgen – Krieg ...

Das schwierige Jahr 1941. Der notgedrungene Rückzug nach Osten, die Einkesselung. Ich bin in Gefangenschaft. Verletzt und gequetscht. Ich bin moralisch niedergeschlagen. Ich habe doch den Treueeid geleistet, treu und ergeben zu dienen, und jetzt Unfreiheit. Die Gedanken sind verwirrt und kompliziert, das Nachdenken ist rastlos und pessimistisch ... Unfreiheit – wie lange?

Das erste Treffen mit dem Feind. Das fließende und laute Deutsch verstehe ich kaum. Ich erfasse erst einzelne Wörter. Und, als ein Deutscher schrie: „Hände hoch!", habe ich aufgeregt gesagt: „Ich habe keine Waffe mit!" Das war mein erster Satz auf Deutsch, ob richtig oder falsch, weiß ich nicht.

Und da begann es ... Nachschubgebiete immer wieder. Scham vor der Niederlage, Sorgen um Frau und Sohn (meine Frau musste am 25. Juni mit meinem kleinen Sohn bei mir in Slonim vorbeifahren). Und jetzt? Was wird mit mir sein? Und wie geht es ihr?

Die Stadt Mir. Das altertümliche Schloss, die harten Wände. Eine Menge Gefangener. Es gibt kein Wasser, kein Essen. Kein Handtuch und keine Seife.

In Kolonnen schickt man uns ins Feldlager neben Bjalo-Podljaska in Polen. Überall sind Gefangene. Sowjetische Gefangene. Soldaten, Offiziere, in Uniformen und Feldblusen. ... Mit den Zeltbahnen und ohne diese. Ringsum ist Stacheldraht. In regelmäßigem Abstand von 50 Metern steht ein Wachturm. Auf diesen sind Wachsoldaten mit Maschinengewehren. Plötzlich erträgt das alles einer nicht mehr und wirft sich an den Draht, der waagrecht läuft und sehr dicht war. Ein Schuss fällt und ein junger Mann liegt leblos jenseits des Stacheldrahtes. Im Lager steht ein Bretterhaus, wo unser Generalleutnant Bekzschanow verschärft bewacht wird. In der Folge erschießt man ihn wegen seiner Absage, mit den Okkupanten zusammen zu arbeiten. So wurde erzählt.

Die Nahrung ist spärlich. Auf dem Platz gibt es weder Gras noch Bäume. Alles ist von den Gefangenen festgestampft. Wir sitzen, in der Nacht schlafen wir auf dem Boden. Schon jetzt riecht es vom Feind nach Unmenschlichkeit und Gleichgültigkeit. Und es könnte doch auch sein, dass die Deutschen in Gefangenschaft geraten. Später war das auch der Fall.

11. Wassilij Kowaljow als Offiziersschüler, 1941.
Die Buchstaben auf dem Kragenspiegel bedeuten Mogiljower Infanterieschule.

Es kommen LKWs, um die nachfolgende Portion an Geschossen und Patronen mitzunehmen. In die leeren Wagen lädt man uns, die Gefangenen, für den Transport auf das Territorium des Reiches ein. Ich gerate in das Lager Nr. 304 Zeithain neben der Stadt Riesa.

Das ist kein Lager gewesen. Man musste es noch bauen. Abertausende von Gefangenen füllten das Territorium des sandigen sächsischen Landes. Wir schliefen auf dem Boden. Wir bauten Baracken. Wir schleppten die schweren Platten der finnischen Montagebaracken. In etwa 700 Metern Entfernung ist die Eisenbahnstation Jacobsthal. Dort kamen die Wagen an. Bis zum Winter bauten wir sechs Baracken, aber es mangelte sowieso an Platz. Morgens gab es einen Menschenandrang beim Tor: Man stellte die Arbeitsgruppen zusammen.

In dieser Zeit kannte ich ein deutsches Wort „Verpflegungsmagazinkommando" und versuchte mich in die Reihe für dieses Kommando zu stellen. Unsere Gruppe war 12 Mann stark. Mit uns zusammen ist der Dolmetscher Boris, ein Jude der Nationalität nach. Als man im Jahre 1943 alle Juden aus dem Lager weggefahren hat, ernannte man mich zum Dolmetscher. Nach Maßgabe meiner Kräfte und Kenntnisse half ich meinen Kameraden, in der schwierigen Lage zu leben.

Die Deutschen knüpften nicht besonders gern ein Gespräch mit uns an. Aber manchmal gelang es, auch miteinander zu reden. Ich hörte bittere Fragen und Vorwürfe: „Warum könnt ihr nicht Krieg führen? Wo ist eure ‚unbesiegbare und legendäre' Armee? Wo sind eure Marschälle? Warum leitet euer Führer Stalin nicht?" und so weiter. Ich unterschied mich von meinem Vorgänger Boris dadurch, dass ich auch selbst arbeitete, was er nie gemacht hat; meine Kameraden brachten mich niemals zur Arbeit in einem kleinen Wagen. Ich erfüllte alle Bitten und Wünsche der Gefangenen. Oft riskierte ich mein Leben.

Nach der Niederlage bei Stalingrad fing die totale Mobilmachung an. Die Deutschen begannen, nach den Soldaten unter uns, den Gefangenen, zu suchen. Ich lehnte den Vorschlag „Russland von Bolschewiki befreien – Zigaretten und Frauen haben" ab. Etwa 40 Menschen, die nicht zum Verrat bereit waren, warf man in den Strafbunker. Ich war auch dabei. Ich warte auf mein Los. Jeden Tag erschießt man etwa 5-6 Menschen. Man übergibt mir eine Bibel, auf russisch geschrieben, in meine Einzelzelle. Die Bibel stammte aus einem Pariser Verlag „Der Gedanke", redigiert von dem bekannten russischen Theologen und Philosophen Wassilij Malov, einem Emigranten. Ich lese einen Abschnitt. Plötzlich kommen zwei Soldaten, um mich mitzunehmen. Der eine fragt: „Was ist das?" Ich antworte auf deutsch: „Das ist die Bibel." Man entnahm mir das Buch. Die Soldaten gingen weg. Soviel ich verstanden habe, gingen die beiden zu ihrem Dolmetscher. Nach einiger

Zeit kommt einer der beiden Soldaten in die Zelle zurück, gibt mir das Buch zurück und nimmt mir meine Personalnummer ab. Ich dachte, es wäre das Ende. Nun bin ich dran, zum Friedhof zu gehen.

Nach einem Augenblick kommt der Soldat wieder und legt mir eine Nummer um den Hals. Er geht weg, ohne ein einziges Wort zu sagen. Als ich das Nummernschild ansah, war ich überrascht: Das war nicht meine Nummer. Damals war ich nicht imstande, die Situation zu verstehen und einzuschätzen. Mein schrecklicher Gerichtstag lag vor mir.

Jetzt überlege ich mir: Stand hinter mir ein Schutzengel, da ich nicht erschossen, sondern in ein Außenlager des KZ Flossenbürg geschickt wurde?

Unterwegs war ich im Mühlberger Lager, Stalag IV-B, danach folgte das Gefängnis in Leipzig und erst dann das Konzentrationslager. Wir sind paarweise mit den Handschellen gebunden, zwischen uns eine lange Kette, an welche wir auch gebunden sind. Verschärfter Schutz. Wohin wir fahren, weiß keiner, sagt keiner. Wir fahren mit dem Zug.

KZ.[18] Die trostlose Einöde. Wie es mir scheint, eine hügelige oder gebirgige Einöde. Das Tor. Oben ist eine Aufschrift: „Arbeit macht frei" – ob gerade das geschrieben war, bin ich mir nicht mehr sicher. Aber damals dachte ich, man hätte besser schreiben sollen: „Gib die Hoffnung ab, jeder, der hierher geriet" – das ist von Dante.

Links steht eine kleine Tribüne, die dem Turm ähnlich ist. Ein Deutscher hält davor eine Rede: „Das ist ein Lager, ein Ort der Umerziehung, Italiener ertragen hier einen Monat, Franzosen zwei Monate, und die russischen Schweine können sechs Monate machen!" Das Tor öffnet sich. Seit dem Fall im Lager Zeithain mache ich mir Gedanken über eine Flucht, aber die Chancen sind gering. Man setzt die Höllenmaschine in Bewegung. Die erste Stufe der Hölle ist das Bad. Eine niedrige Ziegelbaracke mit Betonboden. Die Kälte, die Feuchtigkeit und ein übler Geruch empfangen uns. Man jagt uns mit Hilfe von Fußtritten und Kolbenhieben hinein. Wir sind nackt, uns friert. Draußen ist November, 1944. Im Raum ist für keine Stecknadel mehr Platz. Rechts öffnet sich ein kleines Fensterchen und jemand spricht auf russisch: „Herren, jetzt werdet ihr euch duschen! Achtung!" Von oben strömt aus den zahlreichen Wassersprengern das kochende Wasser hervor. Es dauert fünf Minuten lang. Dann dieselbe Stimme: „Entschuldigen Sie mich, meine Herren, ich habe den falschen Hahn aufgedreht." Hinterher strömt kaltes, sogar eiskaltes Wasser. Wir frösteln, drücken uns aneinander, aber es gibt keine Rettung. Deutsches Wasser macht seine furchtbare Arbeit. Bei einem Gefangenen bemerkte ich ein Kreuzchen, das er küsste. Und ich dachte: Gott, rette die Menschen! Das „Waschen" ist zu Ende. Der Reihe nach gehen wir durch die Tür hinaus. Jenseits der Türe stehen zwei Polizisten mit den Stöcken, die den Griffen eines Spatens ähneln, in den Händen. Du sollst gebückt gehen, die Hände auf dem Bauch. Man fragt: „Wer bist du der Nationalität nach?" „Ach, Russe, du bekommst mehr Schläge!" ... Man schlägt mit Vergnügen, mit voller Wucht zu.

Es gibt keine Wäsche – man hat sie nicht mitgebracht. Wir frieren in einem anderen Teil des Badezimmers, wo es noch kälter ist. Da kommt der Friseur. Er öffnet die Tür ins Nachbarzimmer, stellt für irgendeinen Zweck einen Tisch in den Durchgang. Wir kommen der Reihe nach dran, ich lege mich auf den Tisch und der Friseur „schert" mich, er nimmt das Haar vom Kopf, vom Schamhügel ab. Gerade hier wird das Haar in einem Sack gesammelt – das ist Rohstoff für das Reich.

Der andere Mensch schmiert den nackten Körper mit etwas Stinkendem und Abscheulichen ein. Nach einigen Stunden bringt man Wäsche – lange Hemden, gestreifte Rockmäntel, Baskenmützen und Hosen. Wir ziehen uns an. Und Appell! Appell – das heißt die Aufstellung für die Überprüfung, aber es gibt keine Überprüfung, wir stehen bloß im Frost. Eine Stunde, zwei, drei ... Die Betten, sagt man, sind nicht vorbereitet ...

Die zweite Etappe ist die Beraubung, obwohl es nichts mehr zum Entnehmen gab. Man nimmt Medaillons, Kreuzchen ab. Die Menschen mit Goldkronen schickt man ins Nachbarzimmer, aus welchem man Schreie und Stöhnen hört.

Endlich sind wir in einer Schlafbaracke. Dreistöckige Pritschen, darauf sind die Lumpen – Rosshaarmatratzen und etwas, das Ähnlichkeit mit Dekken hat. Man teilt Balanda (Suppe) aus. Es gibt kein Brot. Befehl zum Schlafen. Alles ausziehen! Rockmäntel, Hosen, Hemden! Das ist deutsches Eigentum! Beim Schlafen könnte es verderben, zerreißen. Alles muss ordnungsgemäß sein – man muss sich auf die rechte Seite hinlegen, sich aneinander drücken. Es stellt sich heraus, dass wir es falsch gemacht haben. Steht auf! Steigt von der Pritsche herunter! Legt euch mit dem Kopf zur Wand hin! Mit dem Stock gegen Rücken, Hände, Füße. Das Geschimpfe auf Deutsch. Das Schlafen war beunruhigend und alptraumhaft.

Der nächste Tag – die Nummerierung der Gefangenen. Man gibt Flicken mit den Nummern aus, wir nähen diese an das rechte Hosenbein, an die Brust (auch rechts) und an den Rücken auf. Und vorne zusätzlich rote Dreiecke. Die Ölfarbe hat einen üblen Geruch: Am Rücken werden auch Buchstaben angebracht: bei einigen „R" – das heißt „Russe", bei den anderen „SU" – das heißt „Sowjetunion". Es gab auch drei Buchstaben „RUS". Als Gezeichneter fliehst du nicht. Der erste Vorübergehende würde dich verraten.

Alptraum. Hölle. Bodensatz. Diese Hölle ist schrecklicher als die biblische. Es fing ein lästiges, trostloses Leben an. Ich dachte mir immer wieder: Was für eine dürftige Phantasie die Autoren der biblischen Texte hatten!? Da kochte in der Hölle Harz, wirf einen Menschen da hinein – ein blitzschneller Tod. Hier war alles anders. Man tötet langsam, mühevoll, man weidet sich mit Freude an Sadismus und Sündigkeit. Die jungen, gut aussehenden Männer belästigen die Homosexuellen. Die ewigen Schlägereien, Schläge ins Gesicht kamen von allen Seiten. Kriminelle, Diebe, Räuber, Fahnenflüchtige, Sektierer, alle verschmolzen in einer „Fleischhackmaschine". Es gab keine menschliche Gesellschaft in unserem Sinne. Die Ausgemergelten irrten herum, magere, trostlose, hungrige ... Das Schimpfen in allen europäischen Sprachen, Stöhnen, Beschwerden über das Schicksal, in Erwartung des Frühstücks oder der Mahlzeit, des Abendessens. Man konnte hier nicht schreiben, nicht lesen, weil wir sogar dazu nichts hatten. Bei der Durchsuchung nahm man uns sogar die Handtücher ab. Es gab keine Zahnbürsten und Zahnpulver. Es gab kein Rasiermesser und keine Schere.

Aber es gab die Gedanken, und die arbeiteten ... Wann wird der Krieg beendet? Wann kommt die Befreiung? Und außerdem: O, gutherziges, altes bürgerliches Deutschland! Was ist los mit dir? Was für ein trübes Schicksal führt dich? Du bist doch ein europäisches Land. Hier schufen weltbekannte Menschen – hast du ihre Namen vergessen? Kant und Feuerbach, Hegel und Fichte, Goethe und Lessing, Schiller und Heine, Bach und Beethoven, Wagner, Dürer, Gauss, Humboldt, Koch, Röntgen ... Schließlich, keiner hat euch Karl Marx, Friedrich Engels, Rosa Luxemburg und Karl Liebknecht, Ernst Thälmann gegeben. Sind sie euer? Eure! Es schien, dass es wenig Philosophie und Kultur gab, man brauchte auch Blut, Opfer, Krematorien, Erhängungen, Erschießungen ...

Deutschland hatte Erfolg darin! Auschwitz, Dachau, Buchenwald, Majdanek ... Wie hoch ist die Zahl dieser Todeskombinate und der Gaskammern? Aber genug! (...) Das Lagerleben ging weiter – mit Schwierigkeiten und Hunger ... Der Platz ist aus groben Steinen gemacht, überall Schmutz, Abfall und Gestank. Das Lager wird von Menschen in schwarzer Uniform bewacht, die auf russisch, ukrainisch, deutsch schimpfen ...

Meine Baracke: Hier war die Menge der namenlosen Gefangenen. Niemand ruft dich bei deinem Namen, alle sind (sich) fremd. Überall herrscht besondere deutsche Ordnung. Die Zimmer links und rechts (vom Eingang) sind für die Leitung des Blocks und für den Blockältesten. Hier ist der Fußboden glänzend, es steht ein Ofen, das Bett ist weich ..., ein Regal. Auf dem Bett sitzt oder liegt immer wieder ein Junge. Es schien ein Junge zu sein, mir aber war es verboten, ins Zimmer zu gehen. Links folgte ein Zimmer für den Schreiber und den Friseur. Die „Lagerstraße" – so nannten die Gefangenen einen Streifen auf dem Kopf ohne Haare – musste immer ausgeschnitten sein. Der andere Teil der Baracke wurde in zwei Zimmer geteilt – in ein Tageszimmer und ein Schlafzimmer. Aufstehen war um 5 Uhr. Aber das ist kein Aufstehen, sondern Sodom und Gomorra. Schreien, Schimpfen: Schnell, schnell, aufstehen!

Man bringt „Frühstück“ – braunes Wasser, auf deutsch Kaffee. Holzpantoffeln schlagen auf den Steinplatz. Appell! Schnell! Schnell! Antreten! Antreten!

Kolonne nach Kolonne, je mit 40 oder 60 Gefangenen, marschiert ab! Daneben gibt es eine Eisenbahn, wir werden in Waggons geladen. Wir drücken uns aneinander. Es ist schwer, zu atmen. Wohin? Wozu? Deutsche schweigen.

Wir fahren drei, vier, fünf Kilometer.[19] Es gibt keine Fenster im Wagen, wir sehen nichts. Als der Wagen geöffnet wurde, haben wir höhere Berge gesehen. Hier war eine Baustelle, Arbeit für Gefangene. Die Bauarbeiten dauern Tag und Nacht an. Stirbt jemand, bringt man sofort neue Gefangene. Man sagte, dass Hitler hier ein Geschosswerk bauen wollte.

Stellen Sie sich einen hohen Berg vor. Zu hoch und zu breit. Am Bergfuß gibt es einen Tunnel, der durch den ganzen Berg führt. Es schien mir, dass sich diese Tunnel auch kreuzten. Es gab Haupt- und Nebenrichtungen. Am Eingang nahm man den Boden ab.

Ausgehöhlt wurde mit Harken, Brechstangen und Abbauhämmern. Der Grund wurde auf Rollwagen verladen. Hunderte, tausende „Arbeiter“ kramten im Staub und Dreck umher. In den Tunnel sickerte das Wasser durch. Das kann man nicht beschreiben. Darüber kann man nicht erzählen. *Das* muss man *erleben*. Und ich habe das erlebt und jetzt kann ich bezeugen: Es war eine wahre Hölle! Eine Schinderei! Die Pickhämmer dröhnen – der Hammer selbst liegt auf der Schulter eines Häftlings, hinter ihm steht noch ein Mann, der den Hammer hält und in die Wand lenkt. Ganz erschöpft fällt der erste, betäubt vom Krachen und Prasseln. Er wird abgelöst. Das harte Gestein wird gesprengt: In die Wand werden Schürfe gebohrt, Sprengstoff wird eingelegt, die Zündschnüre zieht man zum Schalter, alle werden aus dem Stollen weggejagt, der Obersteiger drückt auf den Knopf und das Gestein explodiert mit einem gewaltigen Krach! Überall Staub. Gasgeruch. Von der gesprengten Tunnelwand kommt ein richtiger Steinfall auf uns. Dann Hilferufe. Wie es sich herausstellt, verließen nicht alle Sklaven den Stollen, vom Lärm und dem Hunger waren viele taub geworden. Opfer, Opfer ... die Leichen werden weggetragen. Die Sklavenmasse ernährt sich von Leuten. Und die Arbeit geht weiter. Dann kommt die Säuberung. Die Rollwagen werden vollgeladen und zum Kohlenfließband hinaufgefahren.

Der Tunnel war ungefähr sechs Meter breit und drei Meter hoch. Eine kuppelförmige Decke. Dann wurden Teile der Eisenschienen aufgestellt. Sie hießen Tübbinge. Sie wurden zusammengeschraubt. Es ergab sich ein großer Bogen. Solche Bögen gab es viele. Zehn, fünfzehn ...

Hinter diese Tübbinge platzierte man dicht dran von unten bis oben breite Bretter. Zwischen der Tunnelwand und den Brettern entstand ein leerer Raum. Dorthin wurde mit Hilfe von mächtigen Kompressoren Zementmörtel hineingepumpt. Nach drei Tagen baute man alle Bretter und Tübbinge ab.

Der Tunnel hatte nun glatte Betonwände. Auf solche Weise ging die Arbeit immer weiter. Tag und Nacht.

Einmal täglich bekamen wir zu essen. Aber als die regelmäßigen Bombardierungen begonnen hatten – das waren amerikanische Flugzeuge, wie wir dachten, bekamen wir nichts mehr. Ursache waren die Angriffe. So sagten uns jedenfalls die Deutschen.

Und die Menschen starben. Von dem unerträglichen Schuften. Vom Hunger. Von den Prügeln. Erbärmliche Krüppel kramten im Dreck und Staub umher, im europäischen Zentrum der Zivilisation, im Land Schillers und Beethovens. Manch einer betete zu Gott. Manch anderer schimpfte auf alles und alle. Und man fiel. Man fiel tot zu Boden. Man fiel halbtot, um für immer als Asche in deutschem Boden zu bleiben.

Die so genannten Kapos haben uns schonungslos geprügelt – mit Stangen und Peitschen. Die Wache stand nur an den Tunnelausgängen.

Kompressoren pusteten tags und nachts. Steiger mit Hammer gingen hin und her. Schutzhelme auf dem Kopf, Stiefel mit kupfernen Spitzen an den Füßen schützten vor fallenden Steinen. Wir aber hatten nichts! Keinen Schutz. Wir sind Sklaven. Wir sind Vieh. Je näher die zweite Front heranrückte, desto mehr wüteten die deutschen Tunnelbauer. (...) Mir schien es, dass wir uns unweit der tschechischen Grenze befanden. Hier spricht man nicht miteinander. Die Münder sind verstaubt, die Augen tränen. Die Kehlen sind ausgedörrt. Schon seit einigen Tagen sehen wir kein Tageslicht. Ohne Essen. Unter solchen Bedingungen begannen auch sehr starke Menschen aufzugeben – viele begingen Selbstmord. Auch ich dachte daran, wie das zu machen sei. Sich erhängen? Aber wie und wo? Wegrennen, damit man dich tötet. Und – wenn man nur verwundet wird? Noch mehr Qualen ... Aber eines Tages bot sich die Gelegenheit. Wir, eine Gruppe von 40 Häftlingen, rollten einen Waggon entlang den Schienen, einen ganz gewöhnlichen Eisenbahnwaggon mit Bergausrüstung. Ein Deutscher war mit uns, kein Wachsoldat, sondern ein Meister, vielleicht ein Wagenkuppler. Ich war im Begriff, mich unter den Waggon zu stürzen, unter das Rad. Ich bin etwas nach vorne gegangen und fiel absichtlich auf eine Schiene ... Aber der Waggon stoppte plötzlich, meinen hageren Leib nur leicht andrückend. Der Meister legte unter das hintere Rad einen Bremsschuh. Ein gewaltiger Fußtritt – und er warf mich von der Schiene zur Seite weg, zur Tunnelwand, ich blieb allein, um zu sterben. Der Waggon rollte weiter. Ich weinte. Vor Hilflosigkeit. Vor Beleidigung. Vor Machtlosigkeit. Nicht einmal in Ruhe zu sterben war mir hier möglich! Man zieht hier einen qualvollen, langsamen Tod vor. So starb Jesus Christus am Kreuz. Was sollte ich nun machen?

Ich krabbelte in einen anderen Tunnel hinüber. Dort gab es keine Schienen, dafür aber ein Fließband. Es bewegte sich nicht, ich wusste nicht, warum. Ich wühlte mit den Händen das Gestein auf, legte mich darauf und wartete ... Im Tunnel war es halb dunkel. Stille. Nur ein leises Geräusch war zu vernehmen. Wenn mich nur jemand zugedeckt hätte! Plötzlich russische Stimmen: „Los, wir wollen ihn zudecken. Sonst kommst du nicht weit." Sie schütteten allerlei Steine, Sand auf mich und ich machte mich auf den weiten Weg. Ich fuhr lange, sehr lange. Auf einmal wurde es hell im Tunnel. Ich verstand, irgendwo müsse die Ausfahrt aus dem Tunnel sein. Ich wusste nicht, was da draußen auf mich wartete. Vielleicht der Abhang, an den man das Gestein hinunterwarf. Ob der Wächter da ist? Ich wusste es nicht. Es war mir alles egal. Jetzt ist mein Leben in meinen Händen. Aber das Schicksal wollte es anders. Plötzlich hörte ich direkt über meinem Ohr die Stimme eines Deutschen, laut schimpfend. Ich habe nichts verstanden, aber das Fließband stoppte. Der Wächter hatte auf den Knopf gedrückt und zog mich nun auf den Boden hinunter. Los! Los! Verflucht noch mal! Dummkopf! Schau mal hinunter! Ich hatte mich einem steilen Abhang genähert – unter mir lag eine Kluft, 100 Meter tief, vielleicht noch mehr, und überall Steine und all das, was mit dem Fließband hierher gerollt war. Der Soldat packte mich am Kragen und hielt mich so, dass ich nicht springen konnte.

Dann setzte er mich an die Tunnelwand und bot mir eine Zigarette an. Ich rauche nicht, sagte ich. Er holte aus seiner Tasche halbtrockene belegte Brötchen, reichte sie mir. Dann gab er mir seine Flasche, in der schwarzer Kaffee war. Wir unterhielten uns. Der Wächter sagte, dass der Krieg bald zu Ende sei, er würde dann nach Hause fahren. „Der Krieg ist schlimm – für alle", sagte er. Ich verstand alles. Ich kaute und trank. Ich weiß nicht, wie lange ich dort gesessen bin. Er kam auf mich zu, half mir auf die Beine und sagte: „Geh! Geh zurück am Fließband entlang, das ist nicht so weit." Als ich ins Zentrum kam, hörte ich Schreien: „Kommt heraus! Aufstellen!" aber keiner kam heraus. Wer sollte schon herausgehen? Viele wurden getragen und auf die Rollwagen aufgeladen. Lebende von Toten getrennt. Ich fand mich im „lebenden" Rollwagen und zwei Stunden später kam ich ins Lager zurück. Aber das Lager glich einem Bienenschwarm. Die Vorbereitungen zur Evakuierung waren im vollen Gange.

Das Lagergemetzel hat nicht alle vernichten können. Das Lagerkrematorium hat nicht alle verbrennen können. Der unersättliche Moloch hat nicht alle verschlingen können. Das KZ Flossenbürg bereitete sich auf die Evakuierung vor. Wohin? Keiner wußte Bescheid. Wird man uns vielleicht nach Hause gehen lassen? Aber der schwere Kreuzweg nach Golgatha ging weiter ...

Eilig wurden wir auf dem Platz aufgestellt. Abgezählt. Die Wachsoldaten füllten ihre Rucksäcke mit Lebensmitteln. Wir bekamen nichts! Weder Brot noch Wasser! Marsch hinter die Pforte!

Es klappern die Holzpantoffeln auf dem Weg. Einzelne Passanten laufen weg. Mit Bewunderung folgen uns zwei fremde Augen aus dem Fenster. Wir bewegen uns. Hunde bellen. Wachsoldaten schreien. Aufrücken! Nicht zurückbleiben! Wer zu Boden fiel, wurde sofort erschossen. Leichen aufräumen ist die Pflicht des hiesigen Vorstandes, hieß es. Hinter der letzten Kolonne gingen Pferdewagen. Die Leichen drauf! Aber zwei Wagen reichen nicht aus. Die Toten bleiben am Straßenrand liegen.

Ich fiel. Aber der Schuss kam nicht – meine Kameraden griffen mir unter die Arme und schleppten mich weiter ... Wir sind wieder mehrere Kilometer hinten geblieben. Alle haben es schwer. Einer, der mich gehalten hatte, fiel zu Boden. Ich folgte ihm. Die Deutschen begannen hin und her zu laufen, aber sie schossen nicht auf uns. Dann kam auch der leere Pferdewagen, zur rechten Zeit. Die Leichen wurden irgendwo in einem Dorf ausgeladen. Man legte mich auf den Wagen, aber in diesem Moment rennt ein Schäferhund auf mich zu und beißt mich in den linken Oberschenkel. Es tut weh. Ich schreie auf. Aber ich fahre weiter. Der Kutscher ist ein Zivilist. In Schmidmühlen werden die Pferdewagen wieder ausgeladen, wir werden in eine Scheue hineingetrieben. Wir sind 60 Personen, schwache oder zurückgebliebene. Das Tor wird geschlossen und zwei deutsche Soldaten schleppen Stroh und trockenes Gras heran. Damit alles schnell aufflammt. Da sagt jemand: „Wenn die Scheune aufflammt, rennt in alle Richtungen!" Aber warum rennen? Das ist sowieso das Ende!

Durch die Spalten im Scheunentor beobachten wir die Deutschen, wie sie alles vorbereiten. Sie hatten den Befehl bekommen, uns bei lebendigem Leibe zu verbrennen.

Die anderen wurden weitergeführt. (...) Inzwischen hörten wir neben der Todesscheune die Posten mit dem Wirt streiten. Dieser bat darum, die Scheune nicht in Brand zu setzen. Die Gefangenen könne man doch einfach erschießen – das sei doch ein Vorteil. Und falls das nicht möglich sei, so könne man sie hier lassen. Amerikanische und englische Soldaten seien schon in der Nähe, sie sollten mit den Häftlingen doch tun, was sie wollten ...

Der „Dorfälteste" kam. Er sagte, die Scheune stehe zwar weit genug vom Dorf entfernt und daher sei der Brand ungefährlich, aber der Wirt brauche seine Scheune. Der Krieg ist doch zu Ende. Die Menschen werden alles brauchen ...

Wir sitzen in der Scheune. Keine Hilfe. Wieso sollten wir sie brauchen? Lebendige Leichen – Arme und Beine sind beweglich, aber aufstehen können wir nicht. So vergingen zwei Tage. Endlich machte uns jemand das Tor auf. Die zwei Posten mischten sich in unser Scheunenleben nicht ein. Neben der Scheune befand sich ein Graben mit Wasser. Obwohl das Wasser verunreinigt war, tranken wir. Wir erkrankten an Bauchtyphus – schrecklicher Durchfall, obwohl der Magen leer war. Schwachheit. Schwindel. Übelkeit.

Da kam der „Dorfälteste" mit einem Topf. Er zündete ein Feuer an und kochte Tee. Trinken! Trinken! Das wird euch gut bekommen!

Die Amerikaner kamen immer noch nicht. Unweit hörte man Kanonen donnern. Die Bomber flogen in der Luft ... Ich konnte schon selbstständig aufstehen und begann hinauszugehen. Der „Dorfälteste" kochte für uns Weizenbrei. „Wenn der Weizen gut gekocht ist, wird er weich, dann kann man ihn essen", sagte er. Und wir aßen. Wir dankten diesem älteren deutschen Mann und dachten, dass es doch noch auf dieser Erde Leute mit menschlichem Herzen gäbe. Er hieß Josef Eutner, das habe ich nach dem Krieg erfahren.

Endlich Befreiung! Am 22. April 1945 kamen amerikanische Einheiten nach Schmidmühlen. Die besten. Sie nahmen unsere Wachsoldaten mit und führten sie weg. Wir sind mit dem örtlichen Vorstand zurück geblieben. Die Amerikaner verteilten Fleischkonserven. Aber ich habe die Dose sofort weggeworfen. Ich wusste damals aus Büchern, dass dies in einem solchen Zustand den Tod bedeuten würde. Und der Trick hat geklappt. Da ich mich nicht bewegen konnte, konnte ich auch nicht nach der Dose greifen, deshalb blieb ich am Leben.

Die Kranken wurden dann in einer Schule untergebracht. Ein Pastor kam, brachte Eier und Zucker. Drückte unsere abgemagerten Hände. „Herr Pastor, werde ich leben?", fragte ich ihn. „Natürlich, Gott wird Dir Kräfte geben." Er drückte mir noch einmal die Hand und entfernte sich.

Wir wurden in ein anderes Krankenhaus verlegt, in das ehemalige SS-Spital. Die Betreuung war wunderbar, die besten Ärzte und Krankenschwestern, gutes Essen. Vor allem Vitamine, Eigelb. Man musste den Durchfall stoppen, Typhus eindämmen. Viele starben in diesen Tagen. Ich wurde operiert. Eiterentfernung, die Folgen des damaligen Hundeangriffs.

Ich durfte an die frische Luft. Neben dem Spital lagen Bücher. Haufenweise. Auch alte Illustrierte. Ein alter Deutscher warnte mich, nicht zu weit in den Wald zu spazieren; dort könnten noch SS-Leute auf der Lauer sitzen. Es hätte schon Todesfälle gegeben.

Die Ernährung war wunderbar – Konserven, Wurst, Sahne, Suppen. Hier wurden wir in Listen eingetragen und später wurden uns Bescheinigungen ausgestellt mit Namen und Ort der Befreiung aus der Gefangenschaft. Die Nachweise waren in deutsch, französisch und russisch geschrieben, unterschrieben von Vertretern des IRK, deutscher und amerikanischer Behörden. Wir bekamen amerikanische Uniformen. Ich war Leutnant und bekam deshalb eine amerikanische Leutnant-Uniform.

Nach der Genesung übergaben uns die Amerikaner der russischen Seite. So war die Abmachung zwischen Stalin, Roosevelt und Churchill.

Der Sammelpunkt Nürnberg. Weiter Bautzen. Heimfahrt. Am 1. Januar 1946 sah ich meine Frau und meinen Sohn wieder. Der Krieg hatte sie verschont.

Unser Herrgott hat den Menschen nach Seinem Ebenbild erschaffen. Aber die Menschen sind verschieden: nach Hautfarbe, Sprache, Mentalität, Charakter und Temperament, Ideologie ... sie führen Kriege gegeneinander, töten einander, bauen Gefängnisse, erfinden Waffen ... Aber letztendlich bekommt jeder zur unbefristeten Nutzung zwei Meter Erde in einer stillen Ecke. Mit der Zeit verschwindet auch das Grabhügelchen. Neue Menschen werden geboren. Und alles wiederholt sich aufs Neue.

Wenn unsere Zivilisation irgendwann untergehen wird, dann nicht wegen der Kriege und des Terrors, nicht wegen der Drogensucht und Aids, nicht wegen Erdbeben und anderer Kataklysmen, sondern wegen der *Unmenschlichkeit*. Eine Blechplatte, angeheftet auf einen großen Bauch, mit der Phrase „Gott mit uns!" bedeutet gar nicht, ein Mensch zu werden. Solch ein Benehmen ist Scheinheiligkeit, Heuchelei, Lug und Trug, Demagogie. Denn es ist schon seit vielen Jahrtausenden bekannt: Das grausamste Tier auf der Erde ist der Mensch, der Gottes- und Menschengesetze nicht achtet.

Das Gesagte aber betrifft nicht alle Menschen im damaligen Deutschland. Nicht alle waren Räuber, Schurken und Gewalttäter. Bei weitem nicht! Darüber habe ich hier berichtet.

Mein Zorn gilt in erster Linie Hitler und seinen Helfershelfern, seinen Vernichtungstruppen. Jenem staatlichen System, das von Historikern als totalitär, inhuman und ungerecht bezeichnet wird. Das Volk wurde unterdrückt, betäubt von der Lügen-Propaganda, und bebte vor Angst. In den Konzentrationslagern gab es doch auch viele Deutsche.

Ich begrüße das neue Deutschland, das den Mut hat, den Nazismus, sein braunes Erbe, zu verurteilen und weiterhin darauf zu verzichten.

„Edel sei der Mensch, hilfreich und gut!" (Goethe)

(Interview in Minsk von Dmitrij Mosorow durchgeführt, Übersetzung von Valerij Matwejew, Juni 2001; Archiv der Arbeitsgemeinschaft)

Otto Medek

Willkommen im Lager des Todes

Otto Medek wurde am 27.7.1923 in Wien geboren, wuchs mit zwei Geschwistern auf. Nach der Schulzeit (Volks- und Realschule) war er als technischer Zeichner beschäftigt. Am 1. Juli 1944 wurde er wegen Hochverrat und illegaler Widerstandstätigkeit (Gruppe Houdek XX) von der Gestapo verhaftet und über Prag und Eger nach Flossenbürg verschleppt. Dort u.a. im Kommando Altenhammer zur Zwangsarbeit eingesetzt.
Nach seiner Befreiung kehrte er nach Wien zurück. Nach einer gewissen Zeit der Erholung arbeitete er mit Ferdinand Berger[20] bei der Österreichischen Staatspolizei in Wien. Im Jahre 1946 siedelte er nach Prag um.

Nach einer „Sonderbehandlung“ bei der Gestapo lernte ein Häftling mit seinem durchgebrannten Rücken, zerschlagenen Kopf und ausgerissenen Fingernägeln, den Schmerz bis zu einem gewissen Grad zu ertragen. Es handelt sich dabei um einen besonderen psychischen Zustand des Trotzes und des Willens, den Gestapo-Verbrechern den Schmerz nicht zu zeigen. Doch bei der Ankunft in Flossenbürg verlor man gleich am Anfang etliche Illusionen darüber, dass man den Schrecken hier überleben könnte. Als ob uns diese Halsabschneider von der SS auf einem blutigen Schlachthof begrüßen würden. Überall nur Blut, Tote und auch Halbtote auf dem blanken Boden, ein schreckliches Schreien und Stöhnen, welches mir vorkam, als ob Tausende von Sirenen laufen und auf der anderen Seite Rudel von wilden Wölfen umlaufen würden.

Was für ein bestialisches und zynisches System in diesem Todeslager herrschte, beweist auch die Zuteilung von Häftlingskleidung. Man musste in einem Kreis laufen und wer in dem Kreis die Tür zum Lagerraum erreichte, dem hat ein, zu diesem Zwecke abkommandierter, Häftling als erstes eine Unterhose zugeworfen. Man musste dann mit ihr weiter im Kreis laufen und sie sich unterdessen anziehen. Bis dahin hatte man aber schon wieder die Tür erreicht und bekam bei dem zweiten Vorbeilaufen ein Hemd zugeworfen. Auf dieselbe Art und Weise erhielt man eine Hose, einen Mantel, eine Mütze und Holzschuhe, und dabei trabten wir immer im Kreis, während die Aufsicht schrie und uns auf die Köpfe schlug. Wie wir danach aussahen, kann man sich vorstellen. Zum Schluss waren wir alle mit Blut überströmt und hatten offene Wunden, welche später anfingen zu eitern. Erfahrene Häftlinge haben uns geraten, wie man sie auf eine sehr einfache Art heilen kann. Das würde aber heute kein Arzt glauben und so werde ich lieber über diese Heilmethode schweigen. Ich muss aber sagen, dass wir Glück hatten.

Wenn später neue Hunderte und Tausende von Häftlingen kamen, bekamen sie ihre Kleidung nicht gleich, sondern erst nach drei bis vier Tagen. In der ganzen Zeit mussten sie im Lager völlig nackt sein. Das war vor allem im Oktober und November 1944 und dann auch in manchen Wintermonaten Ende 1944 und Anfang 1945. In diesem Zustand in der rauhen Landschaft nackt herumzulaufen, bedeutete eine Lungenentzündung und danach das Krematorium. Das Lager war überbelegt und so erfüllte diese unmenschliche Entscheidung des Lagerleiters auch seinen Zweck: die Zahl der Häftlinge zu mindern. Auf eine ähnliche Art und Weise behandelte man übrigens die Neulinge auch in den Zeiten, als das Lager noch nicht so überfüllt war. Manche von uns dachten, dass das doch besser sei als die Gaskammern in Auschwitz oder Majdanek. Später kamen sie aber zu der Ansicht, wie schrecklich sie sich täuschten. Die Gaskammern waren eine Befreiung von unmenschlicher Plage und Quälerei. Das schleichende schreckliche Quälen war tausendmal schlimmer als die Gaskammer.

(...)

Flossenbürg war entsetzlich, viel schlimmer als andere Konzentrationslager. Es war ein Todeslager der 2. Kategorie, Dachau eines der 1. Kategorie. Am Ende des Krieges war es zwar überall gleich schlimm, weil die Nazis die unbequemen Zeugen ihrer Verbrechen loswerden wollten und deshalb versuchten, in den letzten Tagen so viele wie möglich zu töten. Doch noch zur Jahresmitte beklagte sich ein Freund von mir, welcher aus Buchenwald nach Flossenbürg kam, dass er nach Buchenwald auch zu Fuß laufen würde, wenn er zurück dürfte.

(...)

Das schlimmste und gefährlichste Kommando war jedoch der *Steinbruch*. Der Flossenbürger Granit war so hart wie kein anderer auf der Welt. Wenn auf diese Stelle die Sonne durchdrang, brannte dieser Stein wie Feuer. Es war ein mörderisches Kommando.

Jeder Häftling hatte im Genick so ein komisches Gefühl, ebenso in der Brust, und es hielt uns fest von allen Seiten. In den Konzentrationslagern konnte jeder SS-Mann, Kapo, Blockmann oder dessen Häscher unbestraft an jedem beliebigen Ort jeden Beliebigen töten. Der Tod lauerte im Lager überall. Zu jeder Zeit, zu jeder Stunde, Minute und Sekunde. SS-Männer und Kapos konnten auf jede beliebige Art töten: mit einem eisernen Stock, mit einem Schlagstock aus Gummi, mit einer Stahleinlage, mit einem Stuhl, einem Holzscheit, auch mit einem starken Schlag in die Schläfe. Zerschlagene Köpfe und eine Menge Blut am Boden und an den Wänden konnte man auf Schritt und Tritt sehen. In einem KZ war Hitlers Gegner nur eine Nummer, die man nach seiner Vernichtung durchstrich.

Im Lager herrschten Deutsche, es gab von ihnen aber nicht mehr als Tschechen. Zwei Gruppen von ihnen gab es: die grünen und die roten Deutschen. Man erkannte sie leicht an einem Dreieck an ihrer Nummer. Die mit grünem Dreieck waren Mörder und Diebe, die mit den roten politische Häftlinge (auch Österreicher). Tschechen trugen bei ihrer Nummer noch den Buchstaben C, Polen P, Russen R, Franzosen F, Italiener I, Ungarn U usw.

(...)

Bis in die letzten Tage des Lagers hinein stellten ein Ochsenziemer, ein Stahlschlagstock oder einfach ein eiserner Stock ein wichtiges Hilfsmittel jedes Blockmanns und ihrer Antreiber dar. Vom frühen Morgen an, ab halb fünf, wenn der Weckruf erging, bis in die späten Abendstunden knallten die Schläge mit dem Ochsenziemer und den Schlagstöcken. Manche Blockmänner konnten nicht ertragen, dass ein Häftling frei an ihnen vorbeiging und mussten ihn gleich ein- oder zweimal grausam mit dem Ochsenziemer schlagen. Manchmal so unglücklich, dass er nicht mehr aufstand. Das Antreten wurde so durchgeführt, dass sie sich zwischen die Tür stellten und jeden Häftling, der aus dem Block herausging, hart schlugen, bis das Blut spritzte. So war das Antreten schnell erledigt. Ein anderes Mal stürzte sich ein Blockmann nur so aus Langweile in eine Gruppe von Häftlingen und fing an, sie mit grausamen Schlägen auseinanderzutreiben. In der mörderischen Manie ragten auch manche Zimmerdienste hervor. Es waren Verbrecher, die das Aufräumen in den Blocks beaufsichtigten und die Liegen zuteilten.

Auch sie hatten ihre Schlagstöcke, die sie nicht mal für einen Augenblick aus der Hand legten. Letztendlich konnten auch die übrigen grünen Deutschen straflos schlagen und erschlagen. Wenn es im Block keine Toten gab, waren diese Sadisten nicht zufrieden.

Täglich krümmten sich unter den mörderischen Schlägen einige Polen, Russen, Franzosen, Tschechen und Angehörige anderer Völker.

Der Blockmann im 21. Block, wo Alte oder wegen Krankheit Arbeitsunfähige wohnten, handelte oft, als ob er wahnsinnig wäre. In diesem Zustand warf er alles nach den Häftlingen, was ihm in die Hände kam, und täglich musste er einige töten. Einen besonderen Spaß hatte er am Töten alter und kranker Häftlinge.

Hier wird es für uns täglich ums Leben gehen, sagten wir zu uns, als wir in den Block Nr. 21 kamen. Dort herrschte ein Blockmann namens Dittrich, ein Deutscher mit einem grünen Zeichen, also ein ganz gewöhnlicher Verbrecher. Im zivilen Leben war er wohl als Seeräuber beschäftigt gewesen. Dem Henker hat er bereitwillig bei den Hinrichtungen geholfen, hat die zum Tode Verurteilten gnadenlos geschlagen. Er hatte viele Leben auf dem Gewissen. Trotzdem war er nicht der Schlimmste unter den Blockmännern und Kapos im Lager. Wenn uns seine Häscher mit ihren Schlagstöcken vor dem

Block in Fünferreihen angeordnet haben, hat er uns gesagt, wir sollen uns bewusst werden, dass wir uns nicht in einem Gefängnis befinden, sondern in einem Konzentrationslager. Jeder Versuch wegzulaufen, werde sofort mit dem Tode bestraft. Wer einem anderen Häftling etwas stiehlt, der bekomme 25 Schläge mit einem Schlagstock aus Stahl. Und wenn es sich noch einmal wiederholen sollte, komme derjenige in Arrest und von da direkt ins Krematorium.

Überall im Lager traf man meistens Häftlinge, die das Zeichen P oder R hatten. Die meisten im Lager waren Russen und Polen und bildeten die Hälfte der Häftlinge. Es gab auch eine große Anzahl von Franzosen, die etwa so zahlreich wie Tschechen und Deutsche waren. Es gab wenig Italiener, ab und zu traf man auch Vertreter anderer Völker. Vor dem Ende des Lagers gab es hier zum Beispiel viele Ungarn. 1944 kamen der ehemalige Innenminister Ungarns und sein Bruder, ein General, ins Lager. Sie hatten jedoch eine privilegierte Stellung und trugen langes Haar. Sie durften sich einen Bart wachsen lassen und wohnten in Block Nr. 1. Sie arbeiteten in den Büros.

Während der Evakuierung Warschaus kamen mit Tausenden anderer Polen auch polnische Frauen ins Lager. Sie wurden in Block Nr. 17 eingeteilt und da wurden sie streng von anderen getrennt hinter einem Maschendraht gehalten. Die polnischen Frauen gab es im Lager bloß eine kurze Zeit. Sie wurden nämlich in eine Baracke außerhalb des Lagers umquartiert. Einige Tage später verschwanden alle mit einem Todestransport.

Das Aufwachen – zum Leben oder zum Tod?

Morgens standen wir um 4.30 Uhr auf. Im Block ging das Licht an und der Zimmerdienst oder der Blockmann selbst schrien uns ihren Morgengruß zu: Alles raus! Wer eine Sekunde lang überlegte, erhielt einen solchen Schlag mit dem Ochsenziemer, dass er wortwörtlich aus dem Block rausflog. So einen Schlag bekam jeder, der nicht schnell genug durch die enge Tür rauslief, seine Kleidung und Schuhe in den Händen. Einen Armvoll trug jeder, weil man das, was man sich nicht direkt unter den Kopf legte, anderenfalls morgens nicht mehr fand. Und gehen Sie dann im Winter einmal barfuß im Lager! Neue Sachen haben wir nie bekommen. Wenn Sie aus dem Schlafraum in den Tagesraum kamen, hieß es, sich schnell auf dem Boden anzuziehen, denn Hocker gab es zu wenige. Sie waren sowieso nur für Verbrecher und Deutsche bestimmt. Und dann schnell ab in den Waschraum. Wer sich nur um eine Sekunde verspätete, kam nicht mehr hinein. Manchmal stolperte man über Leichen, fiel auf den Boden und schon drängte sich über ihm gnadenlos und rücksichtslos ein Haufen Häftlinge, weil hinter ihnen der Blockmann mit seinen Schergen mit den Schlagstöcken wütete. Ich wurde manchmal so geschlagen, dass mich meine eigene Mutter nicht wiedererkannt hätte.

Nach dieser physischen und psychischen Spannung morgens gab es eine schrecklich bittere schwarze Zichorieflüssigkeit. Häftlinge liefen in einer Schlange, nach Blockflügeln getrennt. Es waren 600 von uns in einem Flügel und so dauerte es eine Dreiviertelstunde, bis man an die Reihe kam. Dann bekam man im Morgenfrost einen halben Liter einer schwarzen Flüssigkeit, die bitter wie Wermut schmeckte.

Zu essen gab es nichts. Zum Schluss bekam man noch ein paar Schläge ...

In den letzten Monaten haben wir zum Abendessen 120-150 g Brot bekommen. Von diesem kleinen Stückchen Brot konnten wir uns nichts für den Morgen aufheben. Letztendlich war es auch am sichersten, das Brot gleich zu essen. Bis zum Morgen würde es nämlich bestimmt verschwinden. In einem KZ klaute man alles, was nicht angebunden war oder worauf man nicht selbst lag. Die bittere schwarze Flüssigkeit wurde sehr früh ausgetrunken, Hocker gab es keine, so mussten wir stehen. Deshalb sind wir lieber vor den Block gegangen, auch wenn es draußen sehr kalt war. Bald war es 6 Uhr. Um diese Zeit musste man zum Arbeitskommando antreten. Zuerst sind die weggegangen, die hinter dem Drahtzaun gearbeitet haben, und Häftlinge, welche in den Flugzeugwerken arbeiteten. Dann gingen die Kommandos zu den Steinbrüchen, zu Barackenbaustellen, zum Straßenbau, zu unterirdischen Arbeiten, in den Holzhof und in den Wald, wo man Bäume fällte, um Brennholz zu besorgen. Diese Arbeitskommandos sind auf dem Appellplatz angetreten und dann wurde ein gemeinsamer Abmarsch organisiert. An dem inneren Tor des Lagers gab es einen militärischen Kontrollposten. Die SS zählte alle Häftlinge beim Abmarsch und überzeugte sich wieder bei der Ankunft, dass keiner fehlte. Mit den Arbeitskommandos gingen keine besonderen Patrouillen mit, denn die SS sah aus ihren Wachtürmen alle diese Gruppen während des Marsches und auch während ihrer Arbeit.

Nach diesen Arbeitskommandos marschierten die weiter entfernten Kommandos aus dem KZ ab, etwa Häftlinge, welche im Kommando Altenhammer arbeiteten. Des Weiteren gab es Arbeitende auf verschiedenen Plätzen in den Wäldern sowie Ein- und Ausladearbeiter am Bahnhof. Sie alle wurden von bewaffneter SS begleitet. Eine Weile später traten die Häftlinge aus den inneren Kommandos an. In diesem Tagesablauf bildete die Küche eine Ausnahme. Hierher mussten Köche und Küchenhilfen schon um 3 Uhr morgens antreten. Sie arbeiteten bis um 13 Uhr und dann konnten sie sich drei Stunden lang ausruhen, bis die Abendarbeit begann.

Arbeitslose gehörten zu keinem ständigen Arbeitskommando. Sie hatten einen besonderen Appell und, nachdem sie gezählt worden waren, suchten sich die Kapos die Helfer aus, die sie gerade gebrauchen konnten. Auf diesem Sonderappell stand man manchmal viele Stunden, sommers wie winters, ohne Rücksicht darauf, dass die Arbeitslosen keine Mäntel tragen durften. Es handelte sich meistens um alte Personen. Junge Häftlinge und Häftlinge mittleren Alters, die arbeitsfähig waren, wurden in einzelnen Arbeitskommandos eingesetzt. Von den Arbeitslosen hat man Häftlinge ausgewählt, die zum Transport in entferntere Arbeitskommandos fähig waren. Da herrschten aber dermaßen unmenschliche Bedingungen, dass sie sowieso starben oder von den Kapos zu Tode geschlagen wurden. Wer zum Transport nicht tauglich war, dem drohte ein grausamer Tod im Block Nr. 23. In Flossenbürg galt dieselbe Regel wie in Auschwitz, Bergen-Belsen, Mauthausen oder Oranienburg. Es gab zwei Arten von Häftlingen: gesunde und tote. Alte und Arbeitsunfähige hatten kein Recht in einem Lager zu existieren.

Man starb auch auf eine andere Art und Weise. Das Essen aus der Lagerküche reichte genau, dass man nicht gleich nach der Ankunft im Lager starb. Eine kurze Zeit hielten hier nur Häftlinge mit einer eisernen Gesundheit durch, nur diejenigen, welche verfaulte Kartoffeln und holländische Rüben essen konnten. Die Sterblichkeit als Folge der Unterernährung war schrecklich. In den geschwächten menschlichen Organismen konnten Epidemien ansteckender Krankheiten unbegrenzt wüten. Vielleicht wird man nie richtig feststellen können, woran man in den Konzentrationslagern hauptsächlich starb, weil nicht mal im Revier Diagnosen über die Todesursache durchgeführt wurden. Man starb an Tuberkulose ebenso wie an Lungenentzündung, an Typhus und an verschiedensten Blutvergiftungen. Vor dem Ende des Lagers wütete Typhus unendlich, weil man bei den meisten Häftlingen körperliche Hygiene nicht gewährleisten konnte.

(...)

Ein Häftling unter extremen Bedingungen

Für Romanautoren wäre dieses Lager ein schreckliches Erlebnis gewesen, gleichzeitig aber auch ein endloser Brunnen für Handlungsmotive und Charakterstudien. Wir, ehemalige Häftlinge aus den Lagern, können es nicht richtig beschreiben. *Für einen normalen Bürger ist die ganze Lagergeschichte, das unmenschliche Quälen, die Morde und der Aufenthalt der Häftlinge selbst nicht zu begreifen.* Man kann das alles nicht glauben. So verrückt handeln nicht mal Tiere. Falls uns Faschisten jetzt solch ein Schicksal bereiten wollen, ist es notwendig, einen unerbittlichen Kampf gegen sie zu führen. Wer die Schrecken eines KZ nicht erlebt hat, kann sie auch nicht begreifen.

Sie fragen vielleicht, wie wir waren. In dem KZ waren wir nur Männer unter sich und zu Männern gehört auch Härte. Das Lager hat mit keinem geschmust und dementsprechend haben auch Häftlinge miteinander nicht geschmust. Man durfte nicht einer zu hohen Sensibilität unterliegen, Rauheit und Härte waren ein Schutzpanzer, welcher die geistige Gesundheit der Häftlinge schützte. Das war das Grundgesetz dieses Lagers. Das KZ war nicht für sensible, alte und kranke Leute. Die starben innerhalb von Tagen nach ihrer Ankunft. Unsere Rauheit wurde aber nicht zu Grobheit oder Gemeinheit. Gemeine Wörter hörte man im Lager fast nicht, zumindest nicht unter den tschechischen Häftlingen. Vulgäre Witze waren im Lager ein Tabu. In der Wirklichkeit nämlich, obwohl es vielleicht keiner zugeben wollte, dachte jeder mit Achtung an eine Frau: an die Mutter, Frau, Tochter, Schwester und die Jüngeren an ihre Freundinnen.

Im Revier

Ende 1944 war das Lager mehrfach überfüllt. (...) Tausende Häftlinge kamen und Tausende gingen. Im Waschraum und vor den Blocks sahen wir täglich Haufen von Leichen. Es vermehrten sich die Reihen erschöpfter und geschwächter Häftlinge. Das waren schon wahre Skelette. *Es waren die sterbenden Ruinen aus den großen Todestransporten, welche sich vor zwei Monaten aus dem Lager (zu den Außenlagern) auf den Weg gemacht hatten.*

Ende 1944 bin ich schwer krank geworden und kam ins Revier. Damals war ich fest davon überzeugt, dass ich das Revier lebendig nicht mehr verlassen würde. Es war doch im KZ bekannt, dass das Revier nur ein großer Warteraum auf den Tod war.

Der Frost zeichnete auf die Scheiben der kleinen und schmalen Fenster merkwürdige Bilder. Uns haben sie an ungeheure Hakenkreuze, Schlagstöcke und Schornsteine der Krematoriumsöfen erinnert. In jeder Umgebung hat man andere Vorstellungen. Eisiger Wind, welcher die roten Flammen aus dem Krematorium auseinandertrieb, traf mit seiner riesigen Kraft auf unseren Block, als ob er ihn auf den blutigen Appellplatz fegen könnte. Da lagen noch Leichen nach dem Judentransport aus Ungarn. Die SS-Wachtürme ragten mit ihren Maschinengewehren in die Höhe wie bewaffnete Fäuste des Nazihasses. Der Himmel war grau wie Asche, als ob er mit dem SS-Hauptgebäude identisch gewesen wäre. Aus den elektrischen Drähten erklang mit Hochspannung die Todessymphonie. Sie waren auf schwarze, oben leicht gebogene Säulen gespannt und umschlossen das ganze Lager. Sie waren wie eine riesige Kette, aus der Tausende von Gliedern eine vernichtende Energie ausstrahlten. Der Nebel hielt sich völlig bedeckt und der Wind ertönte wie ein großer Sturm und wurde kurz still, um von neuem zu beginnen. Es schien uns, als ob das schreckliche Heulen über Flossenbürg einen riesigen Lautverstärker durchliefe. Nur mit unseren heißen Lippen des Glaubens und der Hoffnung berührten wir die Sterne.

Wenn wir den Glauben nicht gehabt hätten, hätten wir unser Herz bei weitem nicht tragen können.

Neben mir lag mein Mitkämpfer von einer illegalen Häftlingsorganisation aus dem Kommando Altenhammer, ein polnischer Häftling namens Stanislav, ein Arzt aus Pommern. Für seine „terroristische" Tätigkeit in Polen sollte er hingerichtet werden, zum Schluss wurde er aber mit anderen „Terroristen" nach Flossenbürg geschickt, was schlimmer als der Tod selbst war.

Es ging uns beiden schlecht. Keiner will sterben, keiner will in einem KZ vor den Block oder das WC geschmissen werden. Keiner will eine rote Nummer und sein Todesdatum auf die Brust bekommen.

Wir waren noch jung und hatten Angst, dass wir nie wieder unser liebes Zuhause sehen würden. Auch die größten Helden des Widerstandes, die durch so viele schwere Kämpfe gegangen waren, Helden der Nachrichtenagenturen, Helden der Guerillaeinheiten, illegale Arbeiter, Arbeiter der riesigen unterirdischen Front gegen Hitler und den Nazismus fürchteten sich. Alle haben sie sich gefürchtet vor dem schrecklichen und schleichenden Sterben unter den Toten.

Ich lag lange in Bewusstlosigkeit und Fieber. Aber das ist nicht mehr wesentlich. Ein Wunder, an das Stanislav so glaubte, ist wahr geworden. Mein junger Organismus und mein fanatischer Glaube, dass doch jemand übrig bleiben und nicht nur Stanislav, sondern *alle Toten aus Flossenbürg* rächen werde. Jemand muss doch übrig bleiben und die Menschheit vor dem ungeheuren Antlitz des Faschismus warnen, egal was für ein Gesicht er hat oder haben wird. Die Menschheit muss vor denen gewarnt werden, die das Blut unschuldiger Opfer vergießen wollen. In so einer Hölle wie Flossenbürg würde aber der Wille selbst nicht reichen. Es halfen auch Freunde von den Blocks.

Eine Bestie, die stirbt, schlägt am meisten!

Der Rhein ist überquert, die Oder ist überschritten, unsere Hoffnungen wachsen, die Befreiung nähert sich. Politische deutsche Gefangene machen uns darauf aufmerksam, dass es nicht so leicht gehen wird. Wenn es uns scheint, dass wir frei sind, wird die SS anfangen, uns von den Wachtürmen aus mit Maschinengewehren zu beschießen. Ihre Verbrechen, ihre Quälerei, das vergossene Blut, die Morde und die Überreste von Häftlingen werden die Nazis geheimhalten wollen. Die SS kann doch keine Zeugen ihrer Verbrechen, die in den KZs durchgeführt worden sind, brauchen. Wir müssen bereit sein, in der Stunde „X" die SS-Gebäude anzugreifen, die SS-Männer zu entwaffnen und die Leitung des Lagers zu übernehmen. Die Deutschen boten uns an, Aufstandspläne vorzubereiten und in der Stunde der Lebensgefahr diese durchzuführen. Im Lager hat ihnen aber keiner geglaubt und so bildeten sich mehrere Gruppen, ohne dass sie voneinander wussten. Ihre Tätigkeit war nicht koordiniert. *Einen Aufstand machten dann zum Schluss nur sowjetische Gefangene während ihres Todesmarsches.*

Im Lager herrschte Hunger. Brot bekam man fast nicht zu sehen und mittags gab es stinkende zerkochte holländische Rüben. Der Hunger war aber nicht die einzige Gefahr, welche unser Leben gefährdete. Es vermehrten sich die Fälle ansteckender Krankheiten, vor allem von Typhus. Ins KZ kamen Tausende neuer Häftlinge. Ob plötzlich so viele Widerstandskämpfer aufgestanden waren? Wir konnten es kaum glauben. Nach dem gescheiterten Hitler-Attentat verhafteten die Deutschen jeden beliebigen Verdächtigen. (...) Es gab im Lager schon 20.000 Häftlinge und auf einer Liege mussten 5-7 Leute schlafen. Von Schlaf konnte bei einer solchen Anzahl aber keine Rede sein.

Ein bisschen Hoffnung leuchtete uns entgegen, als am Montag, dem 16. April 1945, über dem KZ mehrere amerikanische Flieger kreisten. Häftlinge liefen mit Freude aus den Blöcken heraus und winkten ihnen. Es waren doch die ersten Boten unserer Freiheit! Was geschieht aber da unten? Über der Küche und der Wäscherei schimmert etwas weiß, etwas flackert da. Das ist doch eine weiße Flagge, kann es sein? Die SS ergibt sich? Gleich leuchtete es auch auf dem 19. Block am Appellplatz weiß, bald bei allen Blöcken. Das ganze Lager durchlief eine Welle von Erregung. Häftlinge umarmten sich ohne Rücksicht auf ihre Nationalität. So soll es doch sein, und so muss es auch in der Zukunft sein, mindestens innerhalb der arbeitenden Menschheit. Die Verbündeten sind vielleicht nur noch 10 km von unserem Lager entfernt. Aber mir gefällt es immer noch nicht. Dass wir unsere Freiheit so billig bekommen sollen? Die Verhältnisse im Lager haben mir beigebracht, skeptisch zu sein. Mein Freund Vitek aus Brünn wollte es auch nicht glauben. Ach, wie auch nach so vielen Jahren?

Im Lager ist die Arbeit vorüber. Die Heimkommandos kehren aus den Werken zurück. Auch die meisten von den Außenkommandos kommen von ihrer Arbeit. Alle versammeln sich im Lager. Vielleicht kommen die Verbündeten noch heute? Die SS gerät in die Zange. Im Osten zertrümmert die Rote Armee sie so stark, dass die Sowjets bald auch hierher kommen werden. Ihre Armee rollt und rollt seit Stalingrad und zertrümmert die Faschisten. Im Rücken haben die Nazis die Franzosen, Amerikaner und Engländer. Wie wollen sie sich retten? Bis jetzt ist es ihnen gelungen. Am Morgen verließen die SS-Männer das Lager und versteckten sich irgendwo an sichereren Orten. Die Wachtürme besetzte der Volkssturm. Wir warten immer noch auf die verbündeten Soldaten, aber es kamen noch keine. Es ist merkwürdig, es kommt keiner. Und es werden sogar die weißen Flaggen abgenommen. Plötzlich sind die SS-Männer zurück. Mein Pessimismus erwies sich wieder einmal als richtig.

Der Todesmarsch

Die kritischste Situation entstand für uns als Häftlinge des Konzentrationslagers Flossenbürg in den Tagen vom 20. bis 23. April 1945. Diese vier Tage erschütterten einige von uns dermaßen, dass wir uns davon lange Monate erholen mussten, bis wir wieder einen normalen psychischen Zustand erreichten. Manche von uns haben es nie verwunden.

Die ganze schreckliche Geschichte begann am Donnerstag, dem 19. April 1945. Es fing mit den Juden an. Am Nachmittag war das Antreten aller Juden auf den Appellplatz befohlen worden. Sie durften bloß mit einem kleinen Ränzchen kommen. Nach einer gründlichen Personenkontrolle von Kapos und SS-Männern gingen sie durch das Tor raus. Erst nach der Befreiung haben wir erfahren, dass aus Flossenbürg 1800 Juden zum Bahnhof gebracht wurden, wo sie auf Waggons verladen wurden.

Sie sollten nach Regensburg fahren und von da aus ins KZ Dachau. Dieser Transport hat aber Regensburg nie erreicht. Einzelne Waggons wurden von den Tieffliegern vernichtet, der ganze Transport massakriert. Der Rest der Juden ging dann weiter zu Fuß, bis sie die verbündete Armee erreichten. Es waren die ersten Verluste an menschlichem Leben, die mit der Evakuierung des Lagers einher gingen. Wir haben davon aber nichts gewusst. Über andere Verluste an Leben wussten wir auch nichts.

Die Zeugen der Verbrechen zu erschießen, war übrigens nicht nur in Flossenbürg die Regel. Dieselbe Entscheidung wurde auch in anderen Konzentrationslagern getroffen. Es handelte sich praktisch um den größten Massenmord in der Geschichte der Menschheit. (...) Das KZ Flossenbürg war eines der kleineren in Deutschland, dafür gehörte es aber zu den grausamsten. (...)

Am Freitag, dem 20. April 1945, erwachte das Lager stark erregt. Was bringt uns der heutige Tag am Geburtstag des größten Wahnsinnigen aller Zeiten? Bald brachten die Schreiber nur wenig hoffnungsvolle Nachrichten. Das Lager werde evakuiert und es fange vormittags mit dem Abmarsch der unteren Blöcke, die mit Neulingen besetzt waren, an. Dann kommen andere Blöcke an die Reihe. Insgesamt werden wir in vier Gruppen zu je 4000 Mann marschieren. Im Lager bleiben nur das Kommando Altenhammer, das Revier und die Ärzte. Manche dachten daran, sich beim Altenhammer-Kommando oder bei den Kranken im Revier zu verstecken. Aber vielleicht werden eben die, die an Typhus und anderen Krankheiten leiden, als erste mit Maschinengewehren vernichtet? Übrigens bereiteten sich auch Schreiber und andere Prominente auf die Evakuierung vor. Die waren immer am besten informiert. Während des Marsches ist es am besten, einen Überfall auf die Begleitung zu organisieren. Es hängt nur davon ab, wie sich die Situation entwickelt. Die Verbündeten müssen doch im Umkreis hier herumgehen!

Floßenbürg, den 10.Oktober 1943

Az.: 1a/14/1/10,43/K.Kb.

Betrifft: Abschreibung von Kartoffeln vorjähriger Ernte.
Bezug : ohne.
Anlagen : 1 Abschreibeantrag.

An das
SS-Wirtschafts-Verwaltungshauptamt
Amtsgruppe D - Der Chef der Verwaltung
O r a n i e n b u r g

Die Verwaltung des KL.Floßenbürg hat von der alten Ernte 1942 im Monat Juni 1943 rd. 800 000 Kg. Kartoffeln an die Wehrmach abgegeben, da diese hier infolge des niedrigeren Häftlingsstandes übrigblieben. Diese Kartoffeln mussten aussortiert werden, sodass mindestens 50 v.H. Verlust entstanden. Dieser Gewichtsverlust ist durch den höheren Kartoffelpreis fast in vollem Masse gedeckt.

Es wird noch bemerkt, dass die Lagerung der Kartoffeln im Jahre 1942/43 unter sehr schlechten Witterungsbedingungen erfolgen musste. Da fast alle Einheiten mit Kartoffeln selbst sehr gut versorgt waren, war es unmöglich diese vor Juni abzustossen. Durch diese lange Lagerzeit waren die Verluste sehr hoch.

Es wird deshalb gebeten, die Genehmigung zur Einreichung eines Abschreibeantrages zu erteilen. Übersicht über die bisher erfolgten Abschreibungen folgt nachstehend.

Im Vorjahr wurden insgesamt eingelagert: 3.810.000 Kg.

Hiervon wurden abgeschrieben:

23.2.43	570 000 Kg.		
15.6.43	550 000 Kg.	1 120 000 Kg.	- 29,3 %
jetzt zu beantragende Abschreibung		223 000 Kg.	- 5,85%
sodass die Gesamtabschreibung		1 343 000 Kg.	- 35,15%

beträgt. In Anbetracht der geringen Haltbarkeit der letztjährigen Ernte und der sehr langen Lagerzeit dürfte der Verlust von 35 % kaum als anormal gelten.

Der Leiter der Verwaltung
des Konzentrationslagers Floßenbürg

SS-Hauptsturmführer.

9. Abschreibung von Kartoffeln durch Mitteilung vom 10.10.1943 an das SS-Wirtschafts-Verwaltungshauptamt, während Tausende Gefangene hungerten.

Weit können sie nicht sein. Dann wird es einfacher gehen. Da haben wir aber nicht gewusst, was für ein Verhängnis uns erwartet.

So, die ersten 4000 Häftlinge sind losgeschickt worden. Wer kommt jetzt an die Reihe?

Am Nachmittag desselben Tages traten noch zwei andere Kolonnen zu je 4000 Mann an. Zu essen haben wir nichts bekommen. Vor unserem Abmarsch hat die Führung „vergessen", uns das Gepansche aus den holländischen Rüben zu geben, das uns mindestens im Magen gewärmt hätte. Mit auf den Marsch machte sich auch der Leiter der Häftlingsselbstverwaltung, der Lagerälteste Uhl. Das Schicksal derjenigen, die im Lager blieben, war weniger tragisch als das unsere.

Es reichte schon eine kleine Schwankung und schon wurden wir zur Seite gerissen und erschossen. Oft begegneten wir unseren toten Kameraden, die in der Kolonne vor uns gegangen waren. Wir sahen Hirne, die nach einem Schuss von hinten vorgetreten sind. Woanders sahen wir wieder die ausgetretenen Därme nach einem Schuss in den Bauch. Kleine Bäche von Blut, Blutpfützen überall, eine Leiche nach der anderen. Und es wurden immer mehr. Zuerst alle 300 Schritte, dann alle 100 Schritte, später alle 50 Schritte und zum Schluss alle 30 Schritte. Es war schrecklich, vor allem nachts. So ein Schuss ins Genick eines Kameraden donnerte nachts in unseren Köpfen wie die stärkste Fabriksirene und die Schüsse donnerten einer nach dem anderen.

Es begann schon zu dämmern, als wir das Waldgebiet verließen. Vor uns erschien die Silhouette des Städtchens Pleystein. An einem Hang sahen wir kleine Holzhäuschen, zuerst haben wir vermutet, dass wir da übernachten werden. Wir setzten uns aber draußen auf einem Abhang nieder, der mit einem harten Gras bewachsen war. Wir alle hatten einen entsetzlichen Hunger. Nach einer Stunde kam das Kommando weiterzugehen. Die ganze Kolonne musste durch Erschießen vernichtet werden. Also war keine Zeit für Sitzen und Ausruhen. So gingen wir also durch die Nacht, durch die Stadt Pleystein, wo uns der Volkssturm und die Hitlerjugend anschauten, frech und herausfordernd, als ob sie den Sieg in Reichweite ihrer Hand gehabt hätten. Dann weiter nach Moosbach, wo schon alles schlief. Und so ging man, durch eine offene Landschaft und durch Wälder. Schüsse klangen zu unseren schweren Schritten. Man schoss nicht mehr nur auf die Schwankenden, sondern man riss auch die Häftlinge, die am Rande marschierten, weg, damit die Kolonne so bald als möglich vernichtet werde. Die Schüsse fanden auch die, welche die Dunkelheit ausnutzen wollten, um wegzulaufen. Die meisten dieser Verzweifelten sanken nach ein paar Schritten nieder, durch einen Schuss getroffen. Anderen ist die Flucht gelungen, doch auch sie sind ihren Mördern nicht entkommen. Im Wald gingen überall SS-Patrouillen, um die Flüchtlinge zu erschießen. Dieser zweiseitigen Umringung konnte man nicht entkommen. Mal sehen, was weiter wird. Erst am klaren Morgen blieb in einem Waldtal östlich von Oberviechtach bei Pirkhof die ganze Kolonne stehen, da war eine Wiese. Von Flossenbürg waren wir jetzt etwa 40 km entfernt. Auf der Wiese blieben wir den ganzen Samstag, den 21. April 1945. Von Schlaf konnte nicht die Rede sein, weil wir Hunger hatten. Wir hatten schon drei Tage nichts mehr gegessen.

Am Samstag, den 21. April 1945 machten wir uns am Abend auf den Weitermarsch. Es entstand eine plötzliche Wetterveränderung und für die geschwächten Häftlinge begannen grausame Stunden. Es fing an zu schütten. Der plötzliche Regen machte unsere Bedeckungen, die wir über dem Kopf trugen, schwer. Der Regen hörte nicht auf, auch nicht, als wir die Hauptverkehrslinie der Oberpfalz erreichten. Die betonierte Straße führte nach Rötz, das unweit von unseren alten Grenzen lag. Je mehr wir uns der Grenze näherten, desto mehr haben die SS-Männer geschossen, damit wohl keinem einfalle, einen Fluchtversuch zu machen, welcher in dieser Situation unmöglich war. Auf den beiden Seiten der Straße gab es breite Streifen von Erde, die nicht mit Wald bewachsen waren, und auf der freien Fläche war der Schatten jedes schleichenden Menschen zu sehen. Und trotzdem flohen die Häftlinge, weil sie diese auf ihnen lastende Atmosphäre des Mordens und der Unsicherheit psychisch nicht mehr ertragen konnten. Manche waren erschöpft und, bevor sie wie ein Stück Vieh starben, wählten sie lieber diesen Selbstmord. Entlang unserer Kolonne fügte sich eine zweite Kolonne, die der Toten. Wirklich eine entsetzliche Kolonne. Abgemagerte Skelette mit einem unglücklichen Blick und Hass im Herzen. Bei dem ersten Dorf hinter Rötz bei Bernried blieben wir in tiefer, stockdunkler Nacht stehen.

Welcher Teufel dachte sich schon wieder diese neuerliche Quälerei aus? Es war ein Ausruhen, welches uns vernichten sollte. An einem Hang war eine Wiese, die nach den Regenstürmen zu einem Sumpf wurde, bei jedem Schritt ist der Fuß bis zum Knöchel stecken geblieben. Es war unmöglich sich hinzusetzen oder hinzulegen. Du musstest stehen bleiben. Kaum hattest du dich ein wenig bewegt, schrie die Wache: Zurück! Da konntest du noch froh sein, dass sie dich nicht gleich erschossen. Wir standen da stumpf wie Vieh, betäubt, berauscht, erschöpft und vom Hunger dermaßen geschwächt, dass wir uns kaum auf den Füßen halten konnten. Wir konnten den Morgen nicht erwarten und der Morgen war rauh und eiskalt. Es schien aber, dass der Regen aufhörte. Warum stehen wir aber immer noch? Wir stehen weiter wie die ganze Nacht. Es war nur eine Zeitfrage, wann wir erschöpft in den Schlamm fallen. Gegen 9 Uhr kam ein Lastwagen und die Wächter gaben jedem etwa 50 g Brot. Wir haben es innerhalb von ein paar

Sekunden gegessen. Und wieder hatten wir einen entsetzlichen Hunger, welcher ein verzweifeltes Rudel an den Rand des Wahnsinns brachte.

Es war Sonntag, der 22. April 1945. Wir machten uns wieder auf den Marsch. Da liegt im Schlamm eine ganze Gruppe von Häftlingen, sie liegen erschöpft mit ihren Köpfen im Schlamm. Wir können ihnen aber nicht helfen, weil wir selbst nur schwer aufstehen. Viele Tote blieben auf der Wiese liegen. Hinter uns knallen Schüsse. Weit gehen wir nicht, hinter dem Dorf bekommt jeder drei rohe Kartoffeln. Jetzt gingen wir auf der Landstraße südlich von Rötz. Aber diese Straßen führen doch nach Cham? Jetzt war uns schon klar, dass der Weg nach München von den Alliierten gesperrt war. Darüber, wohin wir kommen sollten oder auch nicht, informierte uns ein Häftling, welcher eine Rede des KZ-Leiters Koegel mit seinem Adjutanten Baumgartner zu seinen Wachen am Sonntag vormittag mit angehört hatte. (Demnach) waren die beiden SS-Offiziere in einem Auto zu uns gekommen. Sie ließen alle Wachen zu sich rufen und meldeten ihnen: Der Weg nach Dachau sei gesperrt. Man solle Richtung Straubing gehen. Keiner der Häftlinge dürfe lebend in die Hände der Alliierten fallen. Nach Straubing werde man 2-3 Tage gehen. (Er befürchtete, dass) bis dahin der Transport liquidiert sein müsse, damit die Häftlinge den Deutschen mit ihrer Aussage nicht schaden könnten.

Abends erreichten wir einen kleinen Wald an der Straße, etwa 6 km von Cham entfernt. *Das wird wohl unser Ende sein.*

Wir gehen durch den Wald hin und her und denken daran, wann wir erschossen werden. Die Alliierten sind, wer weiß wo, und von hier aus wegzulaufen ist unmöglich. Was ist aber plötzlich passiert? Überall herrscht solche Ruhe. Auch die Gewehre unserer Wachen sind stumm geworden. Sonst schoss man nachts wie bei Verdun. Wird diese zerreißende Spannung nie ein Ende haben? Es fängt an Tag zu werden und keiner schießt. Das ist aber wirklich merkwürdig. Es ist schon am Morgen und die Sonne scheint. Wir haben wieder Hoffnung. Sollen wir weiter gehen und soll das endgültige Erschießen verschoben werden? Warum gehen wir denn dann nicht? Unter unseren Wächtern herrscht eine seltsame Unruhe. Sie haben schon ganz vergessen zu schießen. Es ist Montag Morgen, der 23. April 1945. Die Unruhe unter den Wachen steigert sich und plötzlich sind sie weg. Sie sind verschwunden, sie sind einfach geflohen. Aber ein noch größeres Aufsehen gibt es auf der nahen Straße. Da rast ein Auto nach dem anderen mit einem wahnsinnigen Tempo Richtung Cham. Es waren Autos jeder Art, PKWs, LKWs und in allen – deutsche Soldaten. Bald vermehren sich die Reihen derer, die in keinem Auto mehr Platz gefunden haben. Sie laufen also zu Fuß. Sie laufen, das ist doch nicht möglich, sie laufen wirklich! Plötzlich haben wir uns überzeugt, dass wir frei von der SS sind. So billig kamen die alle aber nicht davon. Eine Gruppe von sowjetischen Gefangenen hat noch einen Augenblick davor eine ganze Reihe von SS-Männern nur mit Messern und blanken Händen liquidiert. So haben sie sich für uns alle gerächt. Wir waren am unteren Ende des Waldes und so haben wir nicht alles gesehen.

Auf einmal hörten wir so ein merkwürdiges Donnern. Was für ein Lärm ist das? Als ob die ganze Hölle in diesen Raum zusammengelaufen wäre. Wir laufen zur Straße und schon sehen wir Panzer und in ihnen Schwarze. Also haben wir doch die Befreiung erlebt! Das ist doch ein Wunder! Wir haben doch nicht mehr gehofft, an nichts mehr geglaubt und nichts erwartet. Wir dachten, es wäre unsere letzte Pause. Die erste Kampfgruppe, die auf die SS hart und gnadenlos schoss, war uns sympathisch. Die farbigen Soldaten kannten keine Gnade mit niemandem, der eine schwarze Uniform und den Totenkopf auf der Mütze hatte. Laut späteren Gesprächen mit ihnen haben sie schon mehrere Konzentrationslager auf diese Weise in Frankreich befreit. Das waren wirklich scharfe Jungs. Diejenigen, die nach ihnen kamen, waren aufgebügelt, freundeten sich mit Deutschen an, als ob nichts gewesen wäre, als ob es nicht das Morden gegeben hätte. Als ich einen der Amerikaner auf Englisch fragte, warum, hat er gesagt, es sei so befohlen worden.

So, jetzt sind wir endlich wieder frei. Wir umarmen uns gegenseitig, gehen wie betäubt, an uns rasen Panzer vorbei, denn der grausame Krieg ist noch nicht zu Ende. Die Nazis kämpfen noch fanatisch. Wir sind wie wahnsinnig. Wir machen uns auf den Marsch, in den Feldern können wir doch nicht bleiben. Es ist ein unbeschreibliches Gefühl, nach langen Jahren und Monaten wieder frei zu sein. Ohne Morden und Quälen können wir selbst entscheiden, wir können es immer noch nicht glauben. Die ersten Dörfer, in die wir gekommen sind, brennen noch. Wir gehen also weiter. So erreichen wir Stamsried. Und Schluss. Weiter werden wir nicht mehr gehen. Ich dachte, wir hatten schon genügend Märsche. Wir erholten uns hier 14 Tage. Wir waren auch nicht imstande weiter zu gehen. Ich musste die Wunde auf meinem Kopf kurieren, welche mir kurz vor dem Ende des Lagers ein grausamer und mehrfacher Mörder zufügte. Auch meine Augen eiterten stark von einem Schlag. Ein Arzt in Stamsried empfahl eine Operation. Doch es gab keine Möglichkeit dazu, also gab er mir irgendwelche Salben und das war alles. Aber ich sah mit den Augen immer schlechter.

Wir haben uns im Schloss einquartiert, das mit einem riesigen Grundstück im Besitz des Staates war. Vor dem Krieg gab es hier ein Veterinärinstitut. Im Schloss wurde für uns auch gekocht. Mit Lebensmitteln musste uns die Gemeinde versorgen. Am Anfang waren wir mit dem „Essen“ vorsichtig. Die ganzen Jahre hatten wir nichts anderes als die stinkenden holländischen Rüben und zur Abwechslung ab und zu auch rohe Kartoffeln.

Mit meiner ärmlichen Gesundheit nach der Typhus-Erkrankung berührte ich fast nichts. Ich konnte bloß flüssige Speisen zu mir nehmen ...

Endlich meldete man im Radio, dass unser Weg nach Hause frei sei. Automechaniker aus unserer Gruppe fanden ein kaputtes Auto und reparierten es schnell. Am Nachmittag des 7. Mai 1945 fuhren wir heim. Ich zu meinen Eltern nach Wien, andere in die Tschechoslowakei und in andere Länder.

(Ausschnitte aus dem Zeitzeugenbericht „Erinnerungen an das KZ Flossenbürg" 1980; Übersetzung aus dem Tschechischen von Hana Pfalzova-Karl, 2001; Archiv der Arbeitsgemeinschaft)

12. Ota Matoušek: Zyklus „Konzentrationslager", Lithographie, 1945.

Odette Spingarn

Flucht auf dem Todesmarsch von Zschopau/Sachsen

Geb. 1925, lebte bis zum Ausbruch des Krieges in Paris, 1940 in den Süden Frankreichs geflüchtet. Am 31.3.1944 wurde die gesamte Familie verhaftet, im April wurde sie mit ihrer Mutter nach Auschwitz deportiert. Von Oktober 1944 bis zum Kriegsende zur Zwangsarbeit im Außenlager Zschopau eingesetzt.

Bevor ich sprang, rief ich meinen Kameraden zu: „Auf Wiedersehn, Ihr Lieben". Sie hatten eine Leiter gebildet, um mir zu helfen, mich durch das kleine Fenster im Viehwaggon zu zwängen.

Der Zug rollte mit geringem Tempo durch die Nacht, der Wind schlug mir ins Gesicht. Während ich mich noch mit der rechten Hand festhielt, meinen Körper in Fahrtrichtung brachte, gab ich mir mit dem Fuß den Schwung, um über die Kiesfläche zu springen.

Schnell stand ich auf, bewegte Beine und Arme: nichts gebrochen, nicht eine Schramme. In der linken Hand umklammerte ich meine kleine Tasche, darin waren ein Stück Brot und mein Löffel. Gebannt starrte ich auf die roten Rücklichter des Zuges, der sich entfernte. Er schien seine Fahrt zu verlangsamen ... und hielt tatsächlich nach 100 m. Ich werfe mich in den Graben neben den Gleisen. Die Angst schnürt mich ein, es ist aus, ein Wachposten muß mich erspäht haben. Denn es gab einen zwischen jedem Waggon, der auf einem Abtritt stand. Nun werden sie die Hunde loslassen, und davor habe ich am meisten Angst. Ich wage nicht mehr zu atmen und liege flach am Boden mit geschlossenen Augen.

Kurze Befehle werden erteilt. Die hohlen Stimmen verklingen in der Nacht. Einige Minuten vergehen. Der Zug setzt sich wieder in Gang. Ich hebe meinen Kopf und verfolge mit meinem Blick das rote Licht, das bald in der Dunkelheit verschwindet.

Ich bin frei. Wir haben den 14. April des Jahres 1945. Seit sechs Tagen war der Strom oft abgeschaltet und die Arbeit oft unterbrochen in der Fabrik der Auto-Union in Zschopau, wo wir uns seit dem vergangenen September befanden: 500 Frauen, abkommandiert von Auschwitz, um deutsche Arbeiter in der Herstellung von Einzelteilen für Flugzeugmotoren zu ersetzen. Schon eine Woche lang kursierten sich widersprechende Gerüchte. Die Alliierten kommen näher, noch 100 km, 50 ... 30. Unsere „Aufseherin(nen)" sind zunehmend nervös, ein gutes Zeichen. Wenn sie uns nur hier ließen. Das wäre zu schön.

Am 13. April schickt man uns einen neuen „Oberscharführer", den übelsten, den wir je hatten. Er steigert sich dauernd in Zornestiraden, so daß die

„Aufseherinnen“ uns wiederum auf die entblößten Arme schlagen. Es kommen noch 300 Frauen aus einer anderen Fabrik. Wir müssen unsere Betten mit ihnen teilen und sind nun 800 Frauen, die in einem Riesensaal herumwimmeln, sich um die 20 Wasserhähne streiten. Wir erwarten das Schlimmste. Tatsächlich, am nächsten Morgen verbreitet sich wie ein Lauffeuer das Gerücht: Man wird uns wegbringen. Wohin? In ein anderes Lager, wahrscheinlich um uns zu vergasen.

Um 6 Uhr müssen wir uns im Hof versammeln. Jede hat eine Decke und ein Stück Brot.

Ein unheimlicher Abschied inmitten von Schreien, Schlägen. Die französischen Gefangenen, die in der unteren Etage der Fabrik arbeiten, drängen sich in einer Ecke des Hofes zusammen. Sie müssen das Ganze sehen – ohnmächtig und verwirrt.

Eine von ihnen konnte uns zuraunen: „Die Alliierten sind in Chemnitz.“ Chemnitz, 17 km! Ein Hoffnungsschimmer. Wenn nur der Zug nicht heute schon führe! Die Alliierten nähern sich von Westen. Die Russen vom Osten kommen auch näher. Wenn sie sich träfen, würde es den Deutschen schlecht ergehen. Doch mittlerweile führt man uns gen Süden. Zur Tschechoslowakei.

Wir sind zusammengedrängt im letzten Waggon des Zuges, wir – das sind 120 Frauen.

Jemandem war es gelungen, die Platte vor dem Fenster abzuschrauben, damit wir etwas Luft bekamen. Und dann war da plötzlich der Gedanke, der sich von Mund zu Ohrmuschel fortbewegte und der Eingang fand bei unserer kleinen Bande von Belgierinnen und Französinnen, wozu sich auch noch Bianca, die Italienerin, und Alice, die Ungarin, gesellten. Wir 14 sind fest entschlossen, um jeden Preis die Flucht zu versuchen. Das Schwierigste würde sein, in der Dunkelheit des Waggons das Fenster zu erreichen. Ich muß die Länge des Waggons durchqueren, indem ich über die gedrängt zusammengekauerten Körper meiner Mitgefangenen marschiere, die nicht verstehen, warum ich einen anderen Platz suche, und mir die Sache nicht erleichtern. Sie hocken in ihrem Elend, und ich störe sie noch! Um sich zu rächen, kratzen sie meine Knöchel, während ich langsam vorankomme. Dabei denke ich, daß jede Radumdrehung des Zuges mich weiter entfernt: Ich will bald springen. Endlich habe ich das Fenster zu fassen – hindurch, und ich springe: die Siebte! Ich bin frei! Dieser Satz wiederholt sich in meinem Kopf wie ein „Leit-motiv“, während ich mich über einem Kieshügel erhebe. Ich bin auf der Straße, die dort neben den Gleisen verläuft. Ich überquere sie und bin in einem Feld. Die Straße ist zu gefährlich.

Der Mond strahlt vom Himmel, prächtig. Doch das Licht täuscht, ich erkenne nicht den Boden, das Feld erscheint mir ganz flach, und so kann ich nicht verhindern, daß ich über jeden kleinen Höcker falle. Ich merke, daß ich auf dem freien Feld nicht lange gehen kann, es strengt mich zu sehr an. Ich halte an, auch um nachzudenken und mich zu orientieren. Ich überschaue den Verlauf der Gleise und die Straße, die demnächst abbiegt. Mein Plan ist ganz einfach: Ich will Chemnitz erreichen und zwischen den Fronten die Alliierten treffen. Ich weiß, daß Chemnitz 17 km von Zschopau entfernt ist. Also muß ich zuerst Zschopau erreichen. Von dort aus werde ich weiterplanen. Allem Anschein nach führte uns der Zug gen Süden, so daß ich die Nordrichtung einschlagen muß. Der Himmel ist sternenklar; ich erkenne ganz leicht den großen Bären, den kleinen Bären und den Polarstern. Ich segne meine Pfadfinderführerinnen, die mich gelehrt haben, mich zurechtzufinden. Somit sollte uns der Zug wirklich nach Süden bringen. Und ich beschließe, dem Polarstern zu folgen und gehe zurück auf die Straße, Richtung Norden.

Auf dem Asphalt läßt es sich gut marschieren, ein wenig Zick-Zack, denn ich bin es gewöhnt, nur noch in Fünferreihen zu gehen.

Beim geringsten Geräusch werfe ich mich flach in den Graben. Es kommen Fußgänger, Fahrradfahrer, einige Autos, alle in entgegengesetzter Richtung. Bald werde ich mutiger und verstecke mich nicht mehr, niemand be-

Arbeitseinsatz K.L.Flo.,den 24.1.45.

An das K.L.Flo.
Arbeitslager (Auto-Union A.G. DKW-Werke)
Z s c h o p a u

In der Anlage wird eine Liste über die am 21.11.44 vom K.L.Auschwitz nach dem dortigen Arbeitslager überstellten Häftlinge übersandt.
Die Stoffnummern werden mit gleicher Post zum Versnad gebracht.
Es ist zu beachten, dass bei Veränderungen nur noch die Flo.-Nummern der Häftlinge mitanzugeben sind

Der Arbeitseinsatzführer:

SS-Unterscharführer.

13. Schreiben DKW-Werk Zschopau an KZ Flossenbürg, 1945.

achtet mich. An den Kreuzungen richte ich mich nach meinem Stern. Ganz wenig Verkehr gibt es. Plötzlich hält ein Auto, nachdem es schon vorbeigefahren war. Ein Soldat lehnt sich aus dem Fenster und ruft mich. Eine Zehntel Sekunde denke ich an Flucht, aber das ist unmöglich. Pech! Gott erbarme! Ich gehe hin, der Soldat fragt sehr höflich nach der Richtung für Annaberg. Ich bin so überrascht, daß ich keine Worte finde. Sein Mitfahrer, nervös geworden, sieht mich an und sagt fragend: „Geradeaus?", erleichtert antworte ich „Ja, ja, gerade". Der Wagen fährt ab. Im Laufe der Nacht fragen noch viele nach dem Weg. Jedesmal ist meine Antwort fertig: „Geradeaus". Der Gedanke, sie eventuell in die falsche Richtung zu schicken, erfreut mein Herz. Doch, wenn ich wenigstens wüßte, ob *ich* nun richtig gehe!

... Ich hatte sie im Dunkel des Waldes nicht bemerkt, plötzlich standen sie vor mir, zwei Polizisten, riesig von Wuchs, leuchteten mir mit ihrer Lampe ins Gesicht. „Papiere". Ich habe natürlich keine. Die Unterhaltung kommt in Gang: Sie sind Ausländerin? Ja, Französin. Und wo arbeiten Sie? Ich zögere, weiß ich doch nicht, wo ich bin. Nahe von Zschopau, von Annaberg? Der Polizist verbindlich: „Sicher arbeiten Sie bei Scharfenstein?" „Ja, ja, Scharfenstein." Ich fasele drauf los: Laßt mich schnell nach Hause. Sie scherzen miteinander; ich verstehe nur die Hälfte. „Ich komme von meinem Freund, ja, ja, ein Franzose, aber ich habe mich verspätet. Lassen sie mich schnell weitergehen!" Es sind gute Leute, sie verstehen! Wir geben uns die Hände: „Auf Wiedersehen". Und ich gehe weiter. Die Nacht ist dunkler geworden, ich habe den Eindruck, daß ich mich total verlaufen habe. Ich versuche, die Schilder an den Straßenkreuzungen zu lesen, aber sie sind so hoch angebracht, daß ich im Dunklen nicht einen Buchstaben erkenne. Einmal klettere ich hoch, aber vergebens, ich glitsche ab und verliere die Lust an Kletterbäumen.

Beim Eingang eines Dorfes werde ich an der Brücke von dem „Volkssturm" der alten Dorfeinwohner angehalten, in Zivil, die ihre Rolle als Straßenaufsicht sehr ernst nehmen. Keine Papiere? Das werden wir beim Amt klären, keine Ausflüchte! Man stößt mich in einen großen Raum, an dessen Ende vier junge Männer im Schein einer rauchenden Lampe Karten spielen.

Sie gucken mich neugierig an. Das Verhör beginnt, ich antworte mit fester Stimme: Ja, ich habe meine Papiere verloren. Ich bin Ausländerin. Französin. Ich arbeite bei Scharfenstein, in der Fabrik. Was in meiner Tasche ist? Sehen Sie selbst, ein Stück Brot und ein Löffel. Nachdem sie den Inhalt bestätigt fanden, werden sie menschlicher. Was ich zu dieser Stunde auf der Straße mache? In meiner Verwirrung finde ich nicht die deutschen Worte und stammle „ein französischer Freund". Meine Unsicherheit wird ganz anders gedeutet, ein paar Witze, die ich nicht verstehe, folgen. Gut, ich kann gehen, aber daß man mich nicht noch einmal ohne Papiere antrifft!

Ich bedanke mich, und im Moment des Aufbruchs kommt mir in den Sinn, daß auf dem Rücken meiner marineblauen Jacke zwei große weiße Buchstaben K.L. (Konzentrationslager) gemalt sind. Ich stehe im Schein der Lampe, aber wenn ich mich drehe, bin ich verloren. Zögernd gehe ich drei Schritte nach hinten, dann ein Blitzgedanke: ich nehme die Kordel von meiner Tasche und mit beiden Händen werfe ich die Tasche so weit wie möglich hinter meinen Rücken, als wäre es ein Sack. Umdrehen und raus. Wahrscheinlich lasse ich sie recht verdutzt zurück. Der „Volkssturm" geleitet mich zum Dorfausgang. Meine Tasche bleibt auf dem Rücken bis zur ersten Kurve. Sobald ich mich unbeobachtet fühle, wende ich schnell meine Jacke und ziehe sie wieder über. Warum war mir diese Idee nicht früher gekommen!

Der Morgen graut. Ich bin total erschöpft. Es wird Zeit, daß ich mir ein Versteck für den Tag suche. Ich verlasse die Straße und gelange nach einem Feld in den Wald, wo ich mich sicherer fühle, und erhole mich von der letzten Aufregung.

Auf einer Lichtung sehe ich ein Gerüst aus Holz, so etwas wie einen hohen Wachtturm. Eine steile Leiter führt nach oben. Ich halte es für eine militärische Vorrichtung, doch gleichzeitig scheint es mir als Versteck vorzüglich geeignet. Ich klettere los. Wenn ich nun dort oben zwei Soldaten im Schlaf vorfinde? Oder wach, so daß sie mich längst gesichtet haben ... Je höher ich klettere, umso mehr erscheint mir das Ganze höchst unvorsichtig zu sein. Aber es ist zu spät, um zurückzuziehen ... Und oben ist niemand!

Später erfuhr ich die wirkliche und harmlose Bestimmung dieser Wachttürme, daß es Hochstände für Jäger sind zum Beobachten des Wildes, das aus dem Wald tritt.

Ich sitze auf den Rundhölzern und wunderbar versteckt genieße ich die Hälfte von meiner Brotschnitte. Genau da geht die Sonne auf und überflutet die Lichtung und die Baumwipfel unter mir mit ihren Strahlen. Ich bin außer mir vor Freude. Dieser Sonnenaufgang an meinem ersten Tag in Freiheit erscheint mir als gutes Vorzeichen. Ich möchte singen, schreien, brüllen vor Freude. Was immer jetzt noch passierte, so hätte ich doch diese unvergeßlichen Minuten erlebt. Dann schlief ich ein, beruhigt und glücklich, aber ganz ermattet.

Nach einigen Stunden war ich wieder wach, aber ich wollte die Nacht abwarten zum Aufbruch. Von meinem Beobachtungsposten kann ich die Umgebung überblicken. Ein Dorf in der Nähe liegt etwa in meiner Richtung und soll mein nächstes Ziel sein. Ich kann es erreichen, ohne die Straße zu benutzen, was mich veranlaßt, schon am Nachmittag aufzubrechen.

Nachdem ich den Wald durchquert habe, finde ich ein Feld voller Krokusse. Ich kann nicht daran vorbeigehen, ohne anzuhalten und einen Strauß zu pflücken. Diese Augenblicke sind so kostbar, auch wenn sie nur ein Aufschub wären, ein Gruß von freien Wesen.

Um meinen Hunger etwas zu „täuschen", esse ich Gräser und Blätter, die wie Artischocken schmecken.

Als die Nacht hereinbricht, bin ich im Dorf angekommen, das sich als kleines Städtchen herausstellt. Ganz kurz halte ich es für Zschopau, aber ich habe mich getäuscht. Ich gehe hindurch, den Blumenstrauß fest in meiner Hand. Das gibt mir Festigkeit.

Niemand scheint mich zu beachten. Als das freie Land wieder vor mir liegt, fühle ich mich orientierungslos. Es bleibt nur ein Ausweg: Ich muß selbst meinen Weg erfragen. Das birgt Gefahr, aber ich habe keine Wahl. Vor dem Eingang zu einem Café nehme ich all meinen Mut zusammen, um einzutreten, doch dann sehe ich einen Soldaten auf einem Fahrrad näherkommen. Den frage ich nach meinem Weg. Er hält an und hört sich meine Frage an, um danach in akzentfreiem Französisch mir mit einer Frage zu antworten: „Sie sind Französin?" Ganz verblüfft senke ich bejahend den Kopf. Er fährt fort: „Dann werden Sie bald wieder nach Hause gehen; der Krieg ist fast vorbei." „Kennen Sie Frankreich?" „Ja, ich habe lange in Paris gelebt."

Sein Ton ist herzlich und sehr höflich. Brennend gern möchte ich mich ihm anvertrauen, vielleicht kann er mir helfen oder einen guten Rat geben. Ich mag mein Geheimnis nicht mehr für mich behalten, außerdem bin ich so müde ... Ich frage ihn nach der Straße nach Zschopau, und während er sich bei einem russischen Gefangenen, der die Gegend gut kennt, erkundigt, nutze ich die Zeit, um nachzudenken. Wieso will ich einem solchen deutschen Dickkopf von Soldaten vertrauen? Er mag noch so gut französisch sprechen; das beweist noch nicht seine Einstellung. Dieses ist nicht der Zeitpunkt, um schwach zu werden. Er kommt zurück und erklärt mir genau den Weg: Zschopau liegt noch 6 km entfernt! Also habe ich mich nicht in der Richtung geirrt, Gott sei Dank! Doch habe ich lange gebraucht für diese 6 Kilometer. Wegen der Erschöpfung bin ich oft stehen geblieben. Auch habe ich auf jener Strecke mein letztes Stück Brot gegessen.

Zschopau! Chemnitz zu erreichen, danach ist mir nicht zumute: noch 17 km mehr mit ungewissen Schwierigkeiten, die sich zwischen den Frontlinien ergeben, das übersteigt meine Kräfte.

Ich steige in den Wald oberhalb der Fabrik, den ich gut kenne, denn dorthin hat man uns mehrmals bei Fliegeralarm gebracht. Die vorige Nacht war kalt. Aber diese ist eisig, Schnee liegt in der Luft. Zusammengekauert am Fuß eines Baumes versuche ich mich zu erwärmen. Das gelingt kaum, und ich sehne mich nach meiner Decke, die ich im Waggon zurückließ. Krampfhaft bemühe ich mich, nicht einzuschlafen, indem ich mir ein Glied nach dem anderen warm reibe. Ich stehe auf, setze mich wieder, mache gymnastische Übungen, um der bedrohlichen Kälte und dem Schlaf zu widerstehen. Die Nacht erscheint mir unendlich lang. Bei Tagesanbruch gehe ich zur Straße runter und frage eine Frau nach der Zeit. 6 Uhr. In einer Stunde werden die Arbeiter bei der Fabrik ankommen. Unter ihnen ist eine Gruppe von „umgewandelten" französischen Gefangenen, etwa 30 Leute. Wir konnten niemals Kontakt zu ihnen aufnehmen, da unsere Etage sorgfältig bewacht und von der Fabrik getrennt war. Einen jedoch kenne ich, das ist „Marquand". Es ist seine Aufgabe, die Treibriemen zu reparieren, und er trägt eine besondere Armbinde, mit der er zur Erledigung seiner Arbeit den Saal betreten darf, in dem sich unsere Maschinen befinden.

Er kam 2-3 mal den Monat, groß, mager, kaltblütig, so eilte er zwischen uns herum, ließ sich nicht stören bei seiner Arbeit und verschwand wieder. Doch hinterher fand sich immer unter irgendeinem Maschinenlappen ein Paket mit Broten für uns.

Ich wußte also, daß es ein zuverlässiger Mensch war, und ihm wollte ich mich nun anvertrauen.

Bald schon sehe ich auf der Straße, die von Zschopau zur Fabrik hochführt, die Arbeiter näherkommen. Ich gehe ihnen entgegen und versuche, die große Gestalt von Marquand zu entdecken. Doch in der Menge der Arbeiter ist mein „Vorarbeiter" der erste, dem ich begegne, derjenige, der seit acht Monaten meine Arbeit überwacht, ein unfreundlicher Mann, der das Äußerste herauszuholen versuchte aus den minderwertigen Arbeitern, die wir in seinen Augen waren.

Unsere Blicke begegneten sich, schnell wandte ich meine Augen ab und beschleunigte meinen Schritt. Ich trug ein dunkles Kopftuch, das fast bis über die Augen gezogen war, und an der Maschine hatte er mich nur barhäuptig gesehen. Ob er mich erkannt hat? Sicher hat er gedacht, daß er einer Sinnestäuschung erlegen war!

Ich gehe weiter, der Zug wird kleiner, und ich kann die Gestalt von Marquand noch immer nicht entdecken. Ich begegne drei Leuten, die französisch sprechen, nähere mich ihnen und frage, ob Marquand an diesem Tag in die Fabrik käme. „Ja, aber er ist zurückgegangen zum Kommando, weil er den Schlüssel vergessen hat; er wird gleich kommen. Suchen Sie ihn?" „Ja", sage ich, breche aber dann mißtrauisch ab und gehe weiter nach Zschopau.

Endlich erkenne ich ihn. Er versteht im Nu, daß ich geflohen bin und nicht weiß, wohin ich gehen soll. „Kommen Sie mit." Er kehrt um. Wir gehen schweigend Seite an Seite. Die 32 Gefangenen dieses Kommandos schliefen im Erdgeschoß eines beschlagnahmten Hotels inmitten der Stadt.

In einem viel zu kleinen Zimmer waren dreistöckige Holzbetten dicht zusammengedrängt. Nicht das Nötigste war vorhanden. Doch diese Gefangenen, die in einem besonderen völkerrechtlichen Status lebten, genossen große Freiheiten. Abgesehen von einem abendlichen Appell wurden sie selten von Deutschen kontrolliert. Jeder arbeitete in seinem Fach, entweder in der Fabrik oder bei den Einwohnern. In der Stadt wie auch in der Umgebung lebten vor allem Alte, Frauen und Kinder. Dadurch waren diese Männer, die ihnen zu Hilfe kamen, sehr beliebt und wurden gut behandelt.

Hauptproblem war zu der Zeit die Versorgung, denn jedermann in Deutschland war unterernährt. Einige Gefangene arbeiteten in Nahrungsmittelläden (Bäckereien, Schlachter oder im Schlachthaus); die konnten sich und ihre Kameraden ganz gut versorgen.

Viele hatten deutsche Freundinnen, die sich geehrt fühlten und stolz waren auf den Franzosen-Freund und dann alles für ihn taten.

Nach fünf Jahren Gefangenschaft, von denen mehrere Jahre hinter Gittern vergingen, hatte sich bei diesen Gefangenen trotz ihrer Privilegien eine gewisse Eingebildetheit und Gleichgültigkeit entwickelt und ein Überdruß: ihnen war alles egal.

Als ich mit Marquand im Hotel ankam, waren fast alle zur Arbeit gegangen. So konnten wir, ohne gesehen zu werden, in ein kleines Zimmer eintreten. Nachdem er mir eine Tasse heißen Kaffee mit Zucker (oh, dieser unvergeßliche Kaffee ...) zu trinken gegeben hatte, stellte er mir Fragen, und ich erzählte meine ganze Geschichte. Noch wußte ich nicht, was er für mich würde tun können, aber ich war sicher, daß er mich nicht fallen lassen würde. Ich fühlte mich gerettet. Ich sagte ihm auch, wie beunruhigt ich wäre wegen meiner Kameradinnen, die vor und nach mir gesprungen waren. Hatten sie so viel Glück gehabt wie ich? Vielleicht verenden sie irgendwo vor Hunger?

Marquand war ein Mann der Tat. Er informierte mich kurz: „Der Kommandant wird bis morgen nachmittag außer Hause sein. Er allein kann eine Entscheidung für Sie fällen. In der Zwischenzeit nehme ich es auf mich, Sie zu verstecken." Er führte mich in das Zimmer, zeigte mir sein Bett in der dritten Etage und schärfte mir ein, mich dort auszustrecken und vor allem zwischen 11 und 12 Uhr mich nicht zu bewegen, weil das die Zeit der deutschen Putzfrau wäre. Er benachrichtigte seine Kameraden und bat sie um Geheimhaltung. Und im Weggehen sagte er zu mir: „Ich werde die anderen suchen".

Ich fühlte mich zu müde und aufgewühlt, um zu schlafen, doch wie froh war ich, mich endlich ausstrecken zu können! Nach einer halben Stunde erscheint unter meinem Bett der Kopf eines Muschkoten, der mir schüchtern eine Scheibe Brot mit Büchsenfleisch zuschiebt ... ich koste sie Stück für Stück. Eine Stunde später bringt mir ein anderer eine Tasse heiße Schokolade. Es handelte sich um die letzten Reste aus Paketen (seit 2 Monaten kamen keine mehr durch), von denen sie sichtbar erfreut mir etwas abgaben.

Je nach Stundenplan kamen einige, die anderen gingen. Jeder einzelne kam zu mir, so daß ich am Ende des Tages das ganze Kommando kannte. Und die ganze Zeit wurden mir trockene Kuchen, Würfelzucker, Bonbons, Schokolade gebracht, die ich nach und nach verschlang. Sogar eine Puderdose bekam ich und, was mir die größte Freude bereitete, sogar eine Luxusseife! Mein Herz war bewegt von so viel Freundlichkeit und vor allem von der Übereinstimmung, mit der sie mich aufgenommen hatten, wiewohl sie um das Risiko, das sie eingingen, wußten.

Bei Einbruch der Nacht kam Marquand – o Wunder – mit Alice und Bianca, die er gefunden hatte, eine im Wald, die andere auf der Straße. Wir fielen einander um den Hals, eine nach der anderen, gleichzeitig weinend und lachend. Es gab so viel zu erzählen, alle drei redeten gleichzeitig, aufs äußerste erregt, den anderen mußten wir wie durchgedreht erscheinen, und die Franzosen guckten ganz verdutzt. Doch nach einiger Zeit kam Marquand dazwischen: sie könnten in ihrem Kommando nur eine Person aufnehmen, doch er wüßte andere Verstecke. So nahm er Bianca und Alice mit.

Marquand überließ mir sein Bett und schlief selbst auf der Erde in jener Nacht.

Niemals werde ich das Einfühlungsvermögen dieser 32 Männer vergessen und die Höflichkeit, mit der sie sich mir gegenüber in den 48 Stunden meines Aufenthalts bei ihnen verhielten. Wenn ich mich auszog oder wusch, gab es immer jemanden, der Wache stand, damit ich nicht gestört würde. Sie selbst bemühten sich auch um ein dezentes Verhalten.

Ein amüsantes Beispiel: Die Toiletten befanden sich am Ende eines kleinen Flures, den man beim Öffnen der Eingangstür betrat, die wiederum den ganzen Tag geöffnet blieb und direkt auf die Straße führte. Die Tür des kleinen Zimmers öffnete sich ebenfalls zu diesem Flur. Zur Toilette konnte ich also nur gehen, indem ich die ganze Zeit meinen Rücken der Eingangstür zuwandte, um von der Straße aus nicht erkannt zu werden. Um keinerlei Verdacht aufkommen zu lassen, mußte ich außerdem eine Bauernmütze aufsetzen und einen Regenmantel anziehen und auf dem Hin- und Rückweg mich zwischen zwei Franzosen schieben. Jedesmal eine Gelegenheit für ein großes Gelächter.

Ich erwartete mit großer Unruhe die Rückkehr des Kommando-Chefs. Was wird er mit mir machen? Ich war mir der Risiken sehr bewußt, die mein Verbleiben im Kommando über längere Zeit bedeuten würde, denn niemand wußte ja, wie lange der Krieg noch dauern würde.

Der nächste Vormittag erschien mir sehr lang, obwohl ich nie alleine war. Da war vor allem ein Akademiker, ein Lehrer, der so nett war, mir einen Bericht von den wichtigsten Ereignissen der letzten 14 Monate zu geben, war ich doch völlig abgeschnitten gewesen von jeglichen Nachrichten. Wir lebten im Lager in der äußersten Isolation, abgesehen von den zahllosen Gerüchten, die herumgingen, dann wieder dementiert wurden, und deren Ursprung man nie ganz herausfinden konnte. So erfuhr ich von der Befreiung von Paris und dem mißglückten Attentat auf Hitler (vage Andeutungen dieser zwei Ereignisse hörte ich schon im Lager) und von den vielen Schlachten in der Zwischenzeit. Die Alliierten befanden sich nun wirklich in Chemnitz, wir erwarteten sie in nächster Zeit. Die Russen wären im Anmarsch von der anderen Seite und noch etwa 100 km entfernt von Zschopau.

Mittags kam Fleury, ein Mann von kleinem Wuchs, kurzangebunden, autoritär, mit einem verschlossenen Gesichtsausdruck, aber klugem Blick, der hohe Sensibilität verriet. Er genoß hohes Ansehen. Die Männer fürchteten ihn mehr als daß sie ihn liebten. Jedoch hat er ihre Anliegen immer sehr mutig verteidigt. Und weil er seine Sache gut verstand, vertrauten ihm die Deutschen. Er trug die Verantwortung für mehrere Kommandos.

Er stellte mir mehrere Fragen, dann meinte er ausweichend, er würde sehen, was sich machen ließe, und verschwand. Ich wurde weiterhin abgelenkt durch die Franzosen, die mich vieles fragten. Sie wußten gar nichts von der Existenz von Konzentrationslagern, die als Vernichtungslager eingerichtet waren, und waren ganz überrascht und sehr beeindruckt, als sie die eintätowierte Nummer auf meinem Arm entdeckten.

Ich erzählte ihnen so viel ich konnte von dem, was ich gesehen und erlebt hatte. Diese Männer, die ja seit fünf Jahren einiges davon selbst erlebt hatten und auch verhärtet waren, wurden totenbleich. Einer von ihnen, der selbst Kinder hatte, brach zusammen, als er von den Gaskammern hörte. Die anderen reagierten mit wahnsinniger Wut.

Am Abend rief mich Fleury in sein Büro. Er wirkte ganz entspannt. Durch Marquands Vermittlung hatte er eine Lösung für mich gefunden. Sie wollten mich bei einer deutschen Familie verstecken. Frau F., gebürtig aus Hamburg, selbst Kriegerwitwe, würde bestimmt das Äußerste für mich tun, um mich die noch nötigen Tage zu verstecken. Ich war mit dieser Lösung sehr einverstanden. Wir sprachen noch einige Augenblicke weiter, dann bot er mir zu meinem großen Erstaunen Champagner an, den er – ich weiß nicht woher – holte und einschenkte.

Etwas später kam Marquand zurück mit einem Riesenpaket mit weiblichen Kleidungsstücken, denn ich meinem derzeitigen Aufzug würde die Gefahr zu groß sein, daß ich auf der Straße auffiele. Außerdem waren sie voller Läuse, mußte ich doch am besten jeden Abend und Morgen alles sorgfältig untersuchen, vor allem die Nähte jedes Stückes. Trotzdem war es schwierig, diese Plage ganz zu vermeiden. Wie froh war ich, alles loszuwerden, und ich bat Marquand, alles zusammen zu verbrennen.

Dann habe ich mich mit den Sachen von Frau F. eingekleidet. Nichts fehlte, sogar Schuhe mit hohen Absätzen und ein schwarzer Hut mit großer Krempe waren dabei. Nur entsprachen die Normalmaße für eine Deutsche nicht dem, was ich mit meinen 35 Kilo brauchte. Das schwarze Satinkleid hing erbärmlich an mir herunter. Doch gelang es mir, mittels eines Gürtels mich einigermaßen adrett anzuziehen. Als ich so herausgeputzt vor den Blikken meiner tapferen Franzosen erschien, waren sie außer sich vor Vergnügen: „Eine wahre Pariserin", kommentierten sie ihren Applaus. Und wir verbrachten noch einen fröhlichen Abend in Erwartung der Dunkelheit, in der ich aufbrechen sollte. Einer von ihnen spielte Harmonika. An dem Abend hörte ich zum ersten Mal „ca sent si bon la France" und das Lied „Wenn du dein Dorf einst wiedersiehst ...". Wir waren alle bei guter Laune und erwarteten die Alliierten in zwei oder drei Tagen allerhöchstens.

Doch in Wirklichkeit mußten wir noch zweiundzwanzig Tage warten. Frau F. bewohnte eine kleine Wohnung mit vier Zimmern in der ersten Etage eines schmucken Hauses mitten in der Stadt. Nachdem sie während der Luftangriffe auf Hamburg alles verloren hatte und ihr Mann im Ostfeldzug gefallen war, floh sie mit ihren vier Kindern im Alter zwischen 8 und 12 Jahren nach Zschopau. Frau F. war von stattlicher Statur, das Gesicht noch recht jung, umrahmt von blonden Haaren, eine richtige Hausfrau. Sie brachte mich in einem ihrer Zimmer unter, schloß mich ein und brachte es der Not gehorchend fertig, mich mit Essen und allem Nötigen zu versorgen, ohne daß eines ihrer Kinder noch ihre Freundin, die über ihr wohnte, noch die Hausbesitzerin, die das Erdgeschoß bewohnte, irgendeinen Verdacht schöpften.

Den ganzen Tag verbrachte ich so in jenem Zimmer, besser gesagt in der Hälfte des Raumes, denn ich vermied es sorglich, mich dem Fenster zu nähern. Ich vermied jegliche Geräusche und hatte immer Sorge zu husten, gerade wenn eines der Kinder an meiner Tür vorbeiging. Mehrmals versuchten sie einzutreten, aber ihre Mutter hatte ihnen erklärt, daß sie dieses Zimmer verschlossen hielte, weil sie dort ihre eigenen Sachen ordnen müßte. Außerdem war es nicht ihre Art, ihnen gegenüber Rechenschaft zu geben von ihrem Tun und Lassen. Sie wußte sich bei ihnen Gehör zu verschaffen.

Eines Tages gab es höchsten Alarm: Frau F. kam, um mir zu sagen, daß die Polizei eine Hausdurchsuchung plante. War ich entdeckt worden? Oder würden sie durch eine zufällige Suchaktion mich festnehmen? Ich hielt mich für verloren. Ohne für einen Augenblick ihre Gelassenheit zu verlieren, leerte Frau F. den Wäscheschrank, der in meinem Zimmer stand, und versteckte mich im Innern. Eine Viertelstunde später war die Polizei im Haus ... und nach 30 Minuten kam Frau F., um mich zu befreien. Es hatte sich nur um eine Bestandsaufnahme der Kohlevorräte in jedem Haushalt gehandelt!

Ein Tag erschien mir entsetzlich lang, so alleine mit meinen Erinnerungen. In den drei Wochen verstand ich, warum einige meiner Kameraden, die im Versteck gelebt hatten, jene Zeit als die härteste ihrer Gefangenschaft ansahen, viel härter als die Zwangsarbeit.

Ich wurde hin- und hergerissen zwischen den zwanghaften tragischen Erinnerungen und den ebenso aufdringlichen Hungerphantasien, die mich ständig peinigten. Die Mahlzeiten, die Frau F. mir brachte, bestanden aus einer Schnitte Brot am Morgen, einem kleinen Teller Suppe mittags, eine Schnitte um 4 Uhr und eine andere am Abend. Die Brotscheiben waren so dünn, der Brotaufstrich ebenso dünn: etwas Margarine und manchmal zusätzlich etwas Speck, so daß ich mir ein Bild davon machen konnte, wie mager ihre eigenen Nahrungsrationen sein mochten und wie schwierig es für Frau F. war, davon noch etwas, und sei es noch so wenig, für mich abzunehmen.

Aber da blieb noch der Abend als der schönste Moment des Tages für mich. Um 9 Uhr, wenn die Kinder schliefen, kam Frau F. zu mir und wir verbrachten zwei Stunden gemeinsam in der Küche, die gleichzeitig als Wohnraum diente, wo sich fast jeden Abend Marquand zu uns gesellte. Wir erzählten und versuchten, die Sendungen von BBC einzufangen. Eine Atmosphäre von Gemütlichkeit und Sicherheit umgab uns in dem kleinen geschmackvoll eingerichteten Raum. Das wieder zu finden, tat mir so gut.

Am Abend meiner Ankunft, nachdem Marquand nach Hause gegangen war, brachte Frau F. eine große Wanne in die Küche und füllte sie mit heißem Wasser, damit ich mich baden konnte. Ich zog mich aus und war erstaunt, Frau F. weinen zu sehen, als sie meinen mageren Körper erblickte.

Die alliierten Truppen schienen entschlossen zu sein, nicht über Chemnitz hinauszugehen, doch die Russen näherten sich uns. Die Tage vergingen, ohne daß wir befreit wurden. Wir brannten vor Ungeduld ... und das noch bis zum 8. Mai. An dem Tag strahlte die Sonne vom Himmel. Die weißen Flaggen als Zeichen der Übergabe flatterten von jedem Balkon.

Frau F. bat ihre Freundin, die klein und zierlich war, mir ein Kleid zu leihen. Ich bekam einen Schottenrock und eine weiße Bluse, die mir ganz gut paßten. Marquand hatte für mich ein blau-weiß-rotes Fähnchen mit einem prächtigen gallischen Hahn aufgestöbert, den ich schnell auf meine weiße Bluse nähte, und so ging ich stolz auf die Straße. Ich war endlich frei, ganz richtig frei.

Dann bin ich stundenlang mit einer Gruppe von Franzosen spazieren gegangen, dabei trafen wir immer mehr Franzosen, diesmal Gefangene, die zum ersten Mal aus einer Art Kaserne heraus durften, etwa hundert Männer.

Da ich vom Vitaminmangel eine eiternde Wunde am Bein hatte, ließ ich diese von ihnen behandeln. Täglich ging ich zum Verbandwechseln zu ihnen.

Nun galt unsere ganze Sorge unserer Rückkehr in die Heimat. Immer noch wußte man nicht, wer die Besatzungsmacht war, die Russen, die Alliierten ..., von allen Seiten hörte man sich widersprechende Gerüchte. Die französischen Gefangenen unterlagen dem Befehl, am Ort zu bleiben, die französischen Arbeiter hörten gar nichts. Einige von ihnen, die eine russische Besatzungsmacht im Ort vermuteten, gerieten außer sich. Sie verbreiteten furchterregende Geschichten von Russen, die sich wie Wilde benehmen, Frauen vergewaltigen, Kinder töten, stehlen und Feuer legen würden, wo immer sie hinkämen. Ihr Erfolg bei den anderen war so groß, daß 20 von 33 Männern sich entschieden, schleunigst abzuhauen. Was mich betraf, schenkte ich diesen Geschichten keinen Glauben (später wußte ich besser, daß einige stimmten); zu lange hatte ich sehnlichst erwartet, daß die Russen in Auschwitz ankämen, nicht im Traum fiel es mir ein, mich vor ihnen zu fürchten. Außerdem wollte ich um keinen Preis zu Fuß und ohne Versorgung ins Ungewisse starten, zumal Deutschland im Mai 1945 ein total unorganisierter Staat war.

Nach 10 Tagen bekamen die Franzosen den Befehl, sich an einem Treffpunkt in 5 km Entfernung von Zschopau einzufinden, wo sie von Lastwagen abgeholt würden. Mit ihnen bin ich losgegangen mit dem Entschluß, sie nicht zu verlassen. Dann kam die große Enttäuschung: sie wollten mich in den Lastwagen nicht aufnehmen, nur französische Gefangene. Ich gab Marquand und Fleury die Adresse in der Straße Aboukir mit der Bitte, dort von mir ein Lebenszeichen abzugeben.

Ich bin noch einmal 10 Tage in Zschopau geblieben. Ständig strömten Menschen durch die Stadt, deutsche Soldaten mit einer weißen Binde am Arm, hinkend, auf Stöcke gestützt, Gefangene, die Rückkehrerzentren suchten.

Unvergeßlich sind mir zwei griechische Deportierte, die mit französischen Gefangenen gen Westen wollten. Einer von ihnen hatte blutende Beine und konnte nicht gehen. Die Franzosen zogen ihn auf einer Schubkarre schon kilometerweit, aber sie konnten selbst nicht mehr und beschlossen, ihn mit seinem Kameraden in Zschopau zu lassen. Diese zwei elenden Menschen hatten zwei Jahre lang in Salzminen gearbeitet. Sie trugen gestreifte Anzüge vom Konzentrationslager. Der Ältere von ihnen (später erfuhren wir, daß er 32 Jahre alt war, während wir ihn älter als 50 schätzten) mit schneeweißem Haar sprach nur mit Mühe, so groß war seine Schwäche. Mit einem Ausdruck innerer Rührung hob er die Hand und sagte zu uns: „Ich werde meine Frau und meine vier Kinder wiedersehen." Man konnte ihm ansehen, daß er selbst noch nicht daran glaubte.

Niemand war für uns zuständig. Als ich drei Amerikaner zum Rathaus gehen sah, bin ich zu ihnen gegangen. Doch plötzlich fiel mir kein einziges englisches Wort ein, und sie konnten natürlich nur Englisch verstehen. Alle

Versuche, mich verständlich zu machen – ich zeigte ihnen die Nummer auf meinem Arm – waren vergeblich. Danach durchfuhren russische Soldaten auf einem Lastauto die Stadt, aber sie hielten nicht an.

Schließlich entschied ich mich, mit drei französischen Gefangenen, die in der gleichen Lage wie ich waren, loszugehen. Kleid, Wetterjacke, Stiefel und Rucksack bekam ich von einer deutschen Familie, die mir sehr viel Gutes getan hatte, Brot stopfte ich, so viel ich tragen konnte, in den Rucksack, und so bestiegen wir den Zug.

An dieser Stelle muß erwähnt werden, daß, obwohl Zschopau noch nicht besetzt war, die russische Zone bis Chemnitz reichte. Diese Grenzlinie war unser erstes Ziel. Wir erreichten es an einem kalten, unfreundlichen Nachmittag. Dort sagte man uns, wir müßten auf einen französischen Oberst warten, dem solche Fälle aufgetragen waren. Die Baracke an der Autobahn hatte weder Tür noch Fensterscheiben, war völlig Wind und Wetter ausgesetzt.

Es begann zu regnen. Um uns etwas aufzuwärmen, versuchten wir mit dem nassen Holz ein Feuer zu entzünden und uns ein Getränk zu bereiten. Schon wurde es Nacht. Da niemand gekommen war, mußten wir uns zum Schlafen auf dem Boden der Baracke einrichten. Wie froh war ich, daß ich eine Decke geliehen bekam. Überhaupt bemühten sich meine Kameraden in jeder Hinsicht um mein Wohlergehen. Wieder einmal lernte ich die Großherzigkeit und Höflichkeit der Franzosen zu schätzen.

Die Autobahn wurde von einem russischen Soldaten bewacht, der sich in einer uns gegenüberliegenden Baracke aufhielt. Zwischen uns lag die Autobahn. Nur morgens war er einigermaßen nüchtern. Ab Mittag betrank er sich und abends war er völlig trunken. Wir vertrieben uns die Zeit, indem wir ihn beobachteten. Systematisch hielt er alle deutschen Bürger an. Was immer ihr Fahrzeug war, meistens Motorroller oder Fahrräder, wer vorbeikam an seiner Baracke, mußte absteigen; und ihr Gefährt wurde beschlagnahmt. Wenn sie sich zur Wehr setzten, gab er ihnen einen Besen in die Hand, und sie mußten eine Stunde lang die Fahrstraße fegen! Natürlich war dieses Schauspiel für uns recht amüsant.

Während der Nacht spitzte sich die Lage zu. In seinem trunkenen Zustand fing der Russe an rumzulärmen, schoß mit dem Revolver in die Luft, und mitten in der Nacht fiel es ihm ein, Feuer zu legen an ein Auto, das er zweifellos während des Tages beschlagnahmt hatte. Das wurde ein lustiges Feuerwerk, wenn auch für uns unerbeten und unerwartet.

Am nächsten Morgen: noch kein Oberst! Nachdem wir 24 Stunden so verbracht hatten, fanden wir, daß diese Sache ein Ende finden müßte. Wir wußten nämlich, daß uns nur 50 km von einer Versorgungsstation trennten und daß dort auch ein Lager für Rückkehrer sich befand. Wir mußten davon ausgehen, daß der russische Soldat in seinem Zustand fähig wäre, auf uns zu schießen, sobald wir uns über die Straße schmuggeln würden ... aber egal, es ist unser letztes Risiko, und wir wagen es. Wir passen einen Augenblick ab, in dem er beim Anhalten eines Fahrradfahrers uns den Rücken zukehrt, und dann rennen wir Hals über Kopf los ... einige Sekunden später sind wir auf der anderen Seite, heil und in Sicherheit!

Wir schlafen in einem Heuschober, und am nächsten Tag nimmt uns ein Trecker mit. Bald treffen wir eine Gruppe von Gefangenen und wollen mit ihnen weiterfahren. Da! Die nächste Schranke, die überwunden werden muß: Man will mich nicht mitnehmen, nur Gefangene ... Vergeblich versuche ich, mich unterzumogeln, man stößt mich zurück. In heller Wut gehe ich vor den Lastwagen und klettere auf das große Rad und richte mich dort auf meiner Decke ein, fest entschlossen, dort nicht zu weichen. Als das der amerikanische Fahrer sieht, steigt er ab, holt mich herunter und bietet mir den Sitz neben sich an. Er gibt mir Bonbons. Alle 10 Minuten läßt er das Lenkrad los, „Ho! La! La!" sagt er dazu, die einzigen französischen Worte, die er kennt!

Bald erreichten wir ein Lager für Rückkehrer. Ich wurde sofort auf die Seite der Deportierten gewiesen, die Gefangenen zu ihrer. So wurde ich von meinen Gefährten der Flucht getrennt, ohne daß ich ihnen mehr als ein Lebewohl von weitem zuwinken konnte.

Dann verlief alles normal. Ich wurde von einem Lager ins andere gefahren, entweder auf dem Lastauto oder im Viehwaggon – diesmal war er nach oben und auch an den Seiten offen. Ich saß immer an der Tür und ließ meine Beine baumeln, und ich erinnere, daß ich so über den Rhein gefahren bin. Ein fast mütterlicher Empfang in St. Avold, wo wir unser erstes Stück Weißbrot gegessen haben.

In St. Avold bestiegen wir zum ersten Mal die Wagen für Reisende: auf diese vornehme Art und Weise fuhren wir in Paris ein! Es war in diesem Zug, daß mir ganz plötzlich durch eine merkwürdige Schaltung meiner Erinnerung kurz vor unserer Ankunft die Telefonnummer von Raymond einfiel.

Am Gare de l'Est stieg unsere kleine Gruppe von Deportierten zuerst aus. Ein Offizier verkündete sehr laut: „Die Deportierten." Rechts und links bildeten die Soldaten des General de Gaulle Spalier in Paradehaltung, die Waffen vor uns gestreckt. So etwas hatten wir nicht erwartet. Es hat uns tief berührt.

Odette Spingarn, Paris 1946

Galina Rabtschewskaja

Vor dem Ausbruch des Krieges schaffte ich es noch, sechs Klassen in der Schule zu besuchen ...

Geb. 1928 im Umkreis von Witebsk/Weißrussland, 1944 verhaftet und nach Auschwitz deportiert. Dort wurde ihr Vater ermordet. Zusammen mit ihrer älteren Schwester wurde sie als arbeitstauglich eingestuft und nach Mittweida zum Arbeitseinsatz in das ausgelagerte Funkgerätewerk der Fa. C. Lorenz AG gebracht.

Ich heiße Galina Alexandrowna Rabtschewskaja. Ich wohnte vor dem Krieg mit meiner Familie (Vater, Mutter, drei Schwestern) im Witebsker Gebiet, Bezirk Tolotschin, im Dorfe Selez. Vor dem Ausbruch des Krieges schaffte ich es noch, 6 Klassen in der Schule zu besuchen. Meine ältere Schwester war im Jahre 1926 geboren. Die jüngere Schwester ist Jahrgang 1939. Und die jüngste wurde erst während der Kriegs im Jahre 1944 geboren. Wir lebten in der Kolchose. Meine Eltern arbeiteten dort. In der Zeit, als der Krieg ausbrach, wohnten wir alle in diesem Dorf.

Am 14. Januar 1944 wurde unsere ganze Familie verhaftet. Unterwegs sozusagen. Zuerst war mein Vater festgenommen worden. Die Mutter kam ins Gefängnis, als sie dem Vater die mitgebrachten Lebensmittel übergeben wollte. Die ältere Schwester war auf der Arbeit. Als sie nach Hause kam, waren da gerade Soldaten, die mich und meine jüngere Schwester verhafteten. Wir durften keine Sachen mitnehmen, wurden alle gesammelt und zum Dorfsowjet in Druzk transportiert. Dort gab es ein Polizeirevier. Da waren die deutschen Soldaten und einheimische Polizisten. In Druzk verbrachten wir zwei Tage. Unsere Eltern kamen angetrieben auch dazu. Alle zusammen wurden wir ins Gefängnis der Stadt Tolotschin gebracht. Die Haft dauerte zwei Monate. Wir wurden dort verhört. Mich haben sie nicht verhört, wohl aber meine Schwester und den Vater. Wir wurden auch verprügelt. Nach zwei Monaten wurden wir nach Borisow ins Lager geschickt. Das Lager dort war auch nicht so groß. Nach zwei Wochen in Borisow wurden wir nach Minsk in ein Konzentrationslager geschickt. In diesem Lager sollten wir zwei Monate lang bleiben. Die Mutter wurde mit den beiden jüngeren Schwestern von dort nach Trostinez gebracht. Mich, meine ältere Schwester und den Vater brachten die Deutschen nach Auschwitz.

Im Gefängnis waren wir sehr schlecht ernährt worden. Die Lebensmittel konnte uns niemand von den Verwandten bringen, da keiner in Minsk wohnte. Auch wenn es jemanden gegeben hätte, hätte das aus Angst, selber ins Gefängnis zu geraten, niemand gemacht. In Borisow war die Ernährung auch sehr schlimm. Suppe bekamen wir nur einmal pro Tag. Obwohl wir in Minsk dreimal täglich aßen, war es von der Qualität her unerträglich. Dazu hatte ich noch eine Typhus-Erkrankung im Gefängnis von Minsk zu überstehen. Ich war schwer krank, die Ärzte aber sollten davon nichts wissen, sonst hätte ich sofort in ein Vernichtungslager geraten können. Deswegen bat mich die Mutter, die Schmerzen doch irgendwie zu ertragen. Ich hatte hohes Fieber und konnte daher nicht einmal aufstehen. Wenn jemand aber nicht aufstehen und selbstständig gehen konnte, bekam er nichts zu essen. Deshalb musste ich das machen. Ich stand manchmal mit einem kleinen Topf da und hinter mir meine Schwester mit Wasser. Wenn ich ohnmächtig wurde und zu Boden fiel, besprenkelte mich meine Schwester mit Wasser. Auf diese Art und Weise versuchten wir zu leben.

Danach wurden wir nach Auschwitz gebracht. Für die Reise hat man uns einen Brotlaib gegeben und sonst nichts. An die Reise kann ich mich nicht so gut erinnern. Sie dauerte etwa eine Woche. Als wir ankamen, wurden wir sofort verteilt: Mein Vater kam in die männliche Abteilung, wir in die weibliche. Wir kamen kurz nach der Ankunft eines Zuges mit Juden an. Und die Deutschen dachten, wir wären auch Juden. Das war der Grund, warum man uns ins Krematorium getrieben hatte. Unter uns gab es sehr viele Erwachsene, die schon verstanden hatten, was uns erwartete. Mehrere begannen zu fragen: „Wo sind wir?"

Im Krematorium arbeiteten einige Polen, die Russisch verstehen konnten. Sie erzählten uns, dass in diesem Lager die Lage sehr schlecht wäre und uns eine Lebensgefahr drohe. Wir sahen auch den Qualm, der vom Dach kam. Die Soldaten sagten uns, wir würden ins Bad gehen. Allen hatte man die Haare abschneiden lassen, die Kleidung abgenommen und so wurden wir angeblich ins Bad getrieben. Da kam ein Deutscher, der uns auf Russisch sprechen hörte, und fragte, warum die Russen hier wären. Er hat das Ganze gestoppt. Wir wurden sofort aufgehalten. Danach kamen wir doch durch „das Bad". Es gab nur kaltes Wasser. Wir gingen alle durch und gerieten in einen Saal mit Fensterrahmen, die aussahen wie an einem Bahnhofsschalter, an dem man Fahrkarten kaufen kann. Wir dachten alle, gerettet zu sein. Denn niemand wusste, wo wir uns befanden.

Doch dann wurden wir weiter getrieben, bekamen Kleidung, die nicht passte, weil sie zu groß war, und Holzschuhe und wurden schließlich zum Quarantänelager gebracht. Dort sollten tatsächlich alle ein Bad nehmen, alle wurden auf Krankheiten untersucht und erhielten auf die linke Hand eine Nummer. Meine Nummer war 79770.

Aus dem Quarantänelager wurden wir schließlich in die großen Ziegelblöcke getrieben, in denen viele Menschen zusammengepfercht lebten. Dort verbrachten wir etwa 2-3 Tage. Danach sollten wir jeden Tag arbeiten gehen.

Zur Arbeit gingen wir zu Fuß in Begleitung der deutschen Soldaten mit den Hunden. Der Arbeitsplatz lag aber weit vom Lager entfernt. Jedesmal, wenn wir das Lager verließen und zum Arbeitsplatz gingen, spielte die Musik. Die Arbeitsgruppen bestanden aus jeweils ungefähr 300 Personen, manchmal sogar mehr. Ringsherum waren die Hunde. Wir gruben Gräben aus, um Rohre zu verlegen. Man sagte uns, dass dort ein Sumpf gewesen sei. Er sollte trocken gelegt werden und die Rohre sollten verlegt werden. Ich habe in diesem Lager sechs Monate verbracht.

Dann kam einmal ein Vorgesetzter und begann, die Älteren auszuwählen. Ich war aber die Kleinste. Nach der Krankheit war ich noch immer in einem schlechten Zustand, ich konnte nicht genug trinken. Das Wasser in Auschwitz war sehr kalt und gesundheitsschädigend. Nachdem man es getrunken hatte, bekam man sofort Durchfall. Manchmal starben die Menschen sogar daran. Auf mich hat immer meine Schwester aufgepasst.

Und als dieser Vorgesetzter die Frauen auswählte, war auch meine Schwester darunter. Sie hatte Angst, dass ich alleine bleiben würde, und bat daher den Deutschen, mich doch auch mitzunehmen. Er erlaubte das und so gehörte ich mit meiner Schwester zu der Blocksperre, die aus ca. 500 Menschen bestand. Alle wurden ins Bad getrieben. Viele meinten, dass wir wieder ins Krematorium geraten würden, weil es erfahrungsgemäß nach dem Bad sofort ins Krematorium ging. Aber es kamen Lastkraftwagen. Mit diesen wurden wir zum Zug gebracht. Ehrlich gesagt, wir hatten keine Angst. Alle waren so stark aufgeregt, ein Höchstmaß an emotionaler Spannung war erreicht. Meine ältere Schwester meinte, dass wir nun mit diesem Zug zum Krematorium gefahren würden. Als wir aber sahen, dass der Zug weiter und weiter fuhr, wurde uns klar, dass wir das Lager in Auschwitz verlassen hatten.

Wir wurden nach Deutschland in die Stadt Mittweida transportiert. Das Lager dort war nicht groß. Wir wurden in der Nähe eines riesigen Werkes untergebracht. Das Lager war mit Stacheldraht umzäunt, der unter Strom stand. Überall waren Posten auf Wache. Ich kann mich nicht genau erinnern, wie viele Blöcke es gab: vier oder fünf.

Im Lager befanden sich nur die Personen aus unserem Zug. Alle sollten in diesem Werk arbeiten. Was da produziert wurde, weiß ich nicht. Ich arbeitete an einer kleinen Werkzeugmaschine, füllte Kunststoff ein, dann kamen irgendwelchen heißen Teile heraus. Meine Schwester arbeitete an einer sehr großen Werkzeugmaschine. Der Arbeitstag dauerte zwölf Stunden, von 6 bis 18 Uhr. Zum Mittagessen gingen wir immer in die kleine Kantine. Die Ernährung war schlecht. Wir schälten die Kartoffeln für die Wachen. Und für uns blieben dann die Schalen, gemischt mit Magermilch. Morgens und abends erhielten wir ein Stück Brot mit Tee. Oft brachten wir unser Abendessen mit in den Wohnblock, kochten es mit Wasser in einem Glas, damit es mehr würde, um den Bauch zu füllen.

Wenn sich jemand etwas zuschulden kommen ließ, musste er das ganze Wochenende an der Werkzeugmaschine arbeiten. Es war inzwischen bereits Winter geworden. Es war sehr kalt; um nicht zu erfrieren, sollte man sich öfters die Füße vertreten.

Während der Arbeit durften wir auch mit niemandem sprechen. Neben uns gab es eine Werkhalle, in der die Einheimischen arbeiteten. Wir durften in diese Halle nicht hinein. Es waren immer Aufsichtsführende anwesend, die uns kontrollierten. Wir hatten einen Werkmeister aus Belgien. Ich war damals ja die Kleinste von allen. Da holte er jeden Tag sein Mittagessen ab, stellte es auf den Tisch, kam zu mir und zeigte mir, wo ich dann das Essen nehmen könnte. Und ich machte das auch eine Zeit lang so, wie er sagte. Es gab aber viele erwachsene Frauen in unserer Gruppe, die ihre Kinder irgendwo hatten. Sie sahen, wo das Essen für mich stand und begannen es zu stehlen: Vielleicht hatten die auch Hunger? Der Meister erfuhr das und versuchte das Mittagessen für mich an einer anderen Stelle zu verstecken. Doch das klappte auch nicht. Die Frauen nahmen das Essen weiterhin. Da bat ich den Meister, das Essen für mich nicht mehr zu verstecken, weil es mich sowieso nicht erreichen würde.

Um die Fastenzeit kamen die ersten Bombenangriffe. Die Erwachsenen nahmen an, dass Berlin bombardiert würde, weil die Sirenen unendlich heulten. Und an einem sehr frühen Morgen wurden wir geweckt und in Reih und Glied aufgestellt. Man teilte uns mit, dass wir das Lager verlassen würden. Wer damit einverstanden war, sollte zu Fuß gehen. Auf Wunsch konnte man auch im Lager bleiben. Alle, bis auf eine sehr kranke Frau aus Warschau, die nicht zu Fuß gehen konnte, waren damit einverstanden. Sie blieb da. Als wir das Lager verließen, hörten wir einen Schuss. Diese Frau war erschossen worden.

Den ganzen Tag mussten wir zu Fuß gehen, erst als die Nacht herein brach, kamen wir zu einem Schuppen, in dem wir übernachteten. Am nächsten Morgen wurden wir zu einer Bahnstation getrieben. Der Weg war sehr lang, alle waren todmüde und hungrig. Unterwegs bekamen wir nichts zu essen. Endlich erreichten wir die Bahnstation, den Namen weiß ich nicht, und warteten auf unseren Zug. Der Zug kam bald. Mit ihm fuhren wir einen Monat lang durch ganz Deutschland. Wir blieben zum Beispiel an irgendeiner Station stehen, bekamen ein Trinkglas mit gekochten Bohnen, einmal pro Tag, manchmal auch nur in zwei Tagen, danach fuhren wir zu einer anderen Station. Dort sagte man uns, dass die vorherige Bahnstation schon von den alliierten Truppen besetzt worden sei. Und so wurden wir so lange herumgefahren, bis die Zeit kam, da ein Weiterkommen nicht mehr möglich war. Da wurden wir in der Nähe eines Flusses auf ein totes Gleis geschoben. Wir erhielten nichts mehr zu essen. Die Menschen rupften Gras, um es (im Waggon) als Unterlage zum Liegen zu benutzen.

Wir wurden immer in offenen Güterwaggons gefahren. Wieder erlebten wir Bombenangriffe. In der Ferne konnte man einen großen Hafen mit vielen Schiffen sehen. ... Während der Bombenangriffe kamen aus nahe gelegenen Kriegslazaretten deutsche Soldaten, um sich in der Nähe unseres Zuges zu verbergen. Unser Aufenthalt dort dauerte nicht mehr als drei Tage, dann fuhren wir weiter. Da wir nichts zu essen erhielten, aßen die Menschen das zuvor zum Liegen gerupfte Gras, um nicht vor Hunger zu sterben.

Eines Frühlingstages, es war schon Ende April, wenn ich mich nicht irre, gerieten wir sozusagen in ein Paradies. Die Sonne schien, die Vögel sangen und in unsere Wagen flog plötzlich Brot. Alle stürzten sich darauf. Kurz danach hielt der Zug an und die Menschen draußen schrien und fragten uns, was für ein Zug das wäre. Unsere Antwort lautete: Wir sind Russen. Dann sagten die Menschen, dass auf uns an der nächsten Station schon lange gewartet würde und wir dort Hilfe bekämen. Als wir an der nächsten Station angekommen waren, hatte man uns sofort viel Brot, Butterbrote und alles mögliche gegeben. Die Menschen begannen sich satt zu essen und viele wurden davon krank, in erster Linie litten sie an Durchfall. Das war auch verständlich, weil man eine so lange Zeit unvernünftig gegessen hatte.

Nach diesem Vorfall kamen wir in Prag an. Dort taten viele von den schlauen Erwachsenen so, als ob sie krank wären, und wurden dementsprechend behandelt: Mit Tragbahren wurden sie aus den Waggons heraus getragen und in die nächste Sanitätsstelle gebracht. Viele nutzten diese Chance und sind geflohen.

Vor Prag wurde an unseren Zug ein Wagen mit Männern angehängt. Ich weiß nicht, wo das geschah. Wir waren kurz aufgehalten worden und dann ging es weiter zum Bahnhof nach Prag. Als wir dann in der Stadt ankamen, wurde der Bahnhof von SS-Männern umzingelt. 125 Gefangene sind insgesamt geflohen. Im Zug blieben ca. 175 Menschen und so wurden wir weitergefahren. Die älteren Männer unter den Gefangenen erzählten aber, als wir einmal kurz auf einem toten Gleis stehen blieben, dass die Front beiderseits in unmittelbarer Nähe läge und es folglich keinen Sinn hätte, uns weiter zu fahren. Trotz alledem waren wir noch eine Zeit lang unterwegs. Dann hielt unser Zug in einem unbekannten Ort an. Dort gab es Kartoffeln. Die Einheimischen waren evakuiert worden und dadurch blieben einige Lebensmittel zurück. Die deutschen Soldaten ließen unsere Männer diese Kartoffeln holen. Das ging mehrere Tage so. Sie schickten z. B. 25 Menschen weg. Nachher gab es keine Männer und keine Kartoffeln. Das wiederholte sich einige Male. Ein wenig später suchten uns Tschechen auf und sie sorgten dann für uns. Sie brachten vor allem einige Lebensmittel. Für unsere Frauen haben die Tschechen sogar Milch gekocht. Die einheimische Bevölkerung rettete uns damals. Wenn sie uns nicht geholfen hätte, wären wir bestimmt vor

Hunger gestorben. Unser Weg ging weiter hin und her, bis wir in einem Graben stehenblieben. Um uns herum waren nur Schienenwege. Da sahen wir einige Männer auf uns zukommen. Sie kamen auf eine Brücke und schrien von dort, wohin die Juden führen. Darauf bekamen sie zur Antwort, dass wir keine Juden, sondern Russen seien. Da erzählten diese Männer, dass hier vor drei Tagen ein Zug mit Juden vorbei gekommen sei, der von deutschen Soldaten gesprengt worden sei, dass auch wir in diese Richtung fahren würden und die Einheimischen dies nicht zulassen würden. Sie hielten den Zug an. Ein PKW erschien. Ein Flugzeug war an unserem Zug vorübergeflogen, dann kam es nieder. Die Menschen winkten mit den Händen. Darauf wendete das Flugzeug und verschwand in der Ferne. Aus dem nächstliegenden Dorf kamen einige Zivilisten gelaufen. Ein Mann aus dem PKW befahl, die Wagentüren zu öffnen und die Häftlinge rauszulassen. Die deutsche Wache wurde einfach weggejagt, weil sie es nicht schaffte, Abwehr zu leisten. Die Waggons standen mit geöffneten Türen, aber die Menschen wussten mit dieser Situation nichts anzufangen.

Wir liefen dann gleich davon. Wir waren in einer Gruppe mit sieben Personen und wussten nicht, wohin unser Weg gehen sollte. Arme Kinder. Es dunkelte. Man hatte uns zuvor gesagt, dass drei Kilometer entfernt die Stadt Kapniza läge. Und hinter uns sollte in einer Entfernung von 20 Kilometern die Stadt Budowiza (Budweis) sein. Wir liefen in den Wald, baten im nächsten Dorf um Brot um Milch, bekamen aber nichts. Eine Frau meinte, dass in der Nähe deutsche Truppen seien. Wir kehrten in den Wald zurück. Es wurde bereits Nacht und meine Schwester entschloss sich, auf den Weg zu gehen, um unsere Lage irgendwie zu klären. Komme, was da wolle. Wir verließen den Wald und gingen zur Straße. Schlecht war, dass wir als Häftlinge angezogen waren: Ein rotes Kreuz hinten auf den Schultern, die Buchstaben KL auf der gestreiften Kleidung, die Nummer in die linke Hand eingestochen. Es war sofort zu sehen, woher wir kamen. Wir sahen einige Menschen in der Entfernung stehen. Meine Schwester schlug vor, auf diese Menschen zuzugehen und zu fragen. Es war sowieso schon alles egal; entweder würden wir ums Leben kommen oder gefangen genommen. So machten wir es dann auch. Und diese Menschen erzählten uns, dass das nächste Dorf von Amerikanern besetzt sei und die Russen ganz in der Nähe wären. Die Einheimischen rieten uns, zum Dorf zu gehen, wo die Partisanen die russischen Truppen erwarteten und uns helfen würden. Wir folgten dem Ratschlag. Und wirklich wurden wir sehr herzlich aufgenommen. Wir wurden auf verschiedene Häuser aufgeteilt. Darüber freuten wir uns sehr und wollten nach einigen Tagen schon den Heimweg antreten, aber die Tschechen erlaubten dies nicht, weil sich viele deutsche Truppen in der Umgebung mit ihren Panzern und Verwundeten zurückzogen. Wir sollten bis zur Ankunft unserer Soldaten warten.

Als das geschah, teilten uns russische Soldaten mit, dass wir irgendwie selbstständig nach Hause kommen müssten. Und wir begaben uns auf den Weg. Als wir in der Stadt Budowiza in einem Lager ankamen, trafen wir viele Gefangene aus unserem Zug. Dort verbrachten wir eine Woche. Dann gingen wir alle zusammen weiter nach Hause. In der Stadt Navagrady nahm uns ein Militärwagen mit. Wir waren damals zu acht. Und wie es sich herausstellte, fuhr das Auto nach Odessa und wir konnten eine Strecke ruhig mitfahren.

Als wir aber in Bratislava ankamen, wurde uns mitgeteilt, dass es nur in Etappen weiter nach Hause ginge. So mussten wir an dieser Station einen Monat lang warten, bis wir endlich am 1. Juli als erste Gruppe nach Hause geschickt wurden. Wir wurden vom russischen Sicherheitsdienst geprüft. Freilich hat man uns unterwegs immer geholfen, denn wir hatten ja keine vernünftige Kleidung. Unsere Soldaten sagten uns, dass wir von niemandem zu Hause erwartet würden und uns niemand etwas zu essen geben würde. Sie hatten Recht. Wir sind am 5. Juli zu Hause angekommen. Tatsächlich war niemand da. Mein Vater, meine Mutter und die beiden Schwestern waren umgekommen. Nur meine ältere Schwester war am Leben geblieben und starb im Jahre 1987 an einer Herzkrankheit.

Wir kamen dann zu unserer Tante. Sie hatte bereits sieben Kinder. Trotzdem hat sie uns aufgenommen, weil wir kein eigenes Haus mehr hatten und unser ganzes Hab und Gut weggenommen war. Die Kolchose gab uns ein wenig Getreide und ein Grundstück von 1500 Quadratmetern auf dem Kolchosefeld. So fing das an. Nach einiger Zeit heiratete meine Schwester. Wir begannen zu überlegen, wie wir ein Haus bauen könnten. Nach der Fertigstellung lebten wir noch einige Zeit zusammen. Ich heiratete im Jahre 1953 und wohnte unweit meiner Schwester. Und im Jahr 1963 bin ich nach Minsk umgezogen. Ich arbeitete dort in einer Taxizentrale.

Ich hatte immer den Wunsch gehabt, den Ort, wo das Lager war, zu besuchen. Ich kannte eine Frau, die in einem Kriegsmuseum tätig war. Und sie versprach mir, mich nach Polen zu schicken. Aber daraus wurde nichts.

(Interview in Minsk durchgeführt, Übersetzung von D. Mosorow, Juni 2001, bearbeitet von Sylvia Seifert; Archiv der Arbeitsgemeinschaft)

Edmund Grzebatkowski

Ich überlebte den Evakuierungsmarsch

(...)
Für uns, die Gefangenen aus Flossenbürg, kamen schwere Tage. Essen bekamen wir nur einmal täglich. Brot war für uns ein Traum, die Suppe, die wir erhielten, war aus alten Kartoffeln. Die deutsche Bewachung räumte die Lager und brachte die Lebensmittel weg. Zur Arbeit rückten wir nicht mehr aus, stattdessen hörten wir immer öfter Kanonendonner, man sagte, die Amerikaner wären schon ganz nah. Von dem Aufruf des Kommandanten an alle deutschen Häftlinge, meistens Funktionshäftlinge wie Kapos und Blockälteste, sich zur SS zu melden, machten viele Gebrauch. Man brachte dieselben außerhalb des Drahtzauns, sie erhielten Uniformen und warteten zum Einsatz an die Front.

So ging noch ein Tag vorüber, zwar hungrig, aber fröhlich, in der Hoffnung, dass unsere Hölle bald zu Ende sein werde. Am nächsten Tag freuten wir uns, als wir sahen, dass überhaupt keine Bewachung mehr da war, manche Wachtürme waren verlassen. Alle freuten sich, sogar die deutschen Häftlinge, die sich nicht gemeldet hatten, und zum ersten Mal sieht man in den Gesichtern der Häftlinge Schmunzeln und Fröhlichkeit. Sogar Frauen, die vorher mit den Bewachern herumspielten, kamen. Man hört kein Schlagen, nicht einmal die Muselmänner schreien und freuen sich.

Wir sind sehr gespannt, es werden weiße Flaggen auf den Dächern der Baracken gehißt und jeder wartet auf die Amerikaner. Zum vollen Glück fehlt nur noch das Essen. Es vergeht ein herrlicher, sonniger Vormittag und endlich hören wir Motorengeräusche. Es müßten Panzer oder Lastwagen sein. Wir sind grenzenlos glücklich, alle laufen zum Haupttor. Auf einmal hören wir einen schrecklichen Schrei: Die Deutschen kommen zurück. Überrascht verlassen wir das Haupttor und unsere Freude verwandelt sich in Schreien und Weinen.

Manche wollen es nicht glauben und bleiben am Tor, bis die ersten ... Motorräder erscheinen. Blitzschnell werden alle Posten wieder eingenommen, man hört die ersten Schüsse und eine unheimliche Panik bricht aus. Alle laufen zu ihren Baracken. Die Deutschen schlagen und treten, überall sind sie anwesend. Sie befehlen den Abendappell. Es beginnt eine Untersuchung, um zu erfahren, wer die weißen Fahnen auf den Blöcken gehißt hat. Der Appell zieht sich viele Stunden hin. Frühmorgens erfahren wir von der Evakuierung des Lagers. Wir sind überzeugt, dass das Ziel der Evakuierung Dachau sein soll. Beim Morgenappell befehlen die Deutschen, alle Juden müssten gesondert gehen. Nach dem Appell dürfen wir in die Baracken zurück, während die Juden von einer SS-Eskorte aus dem Lager gebracht werden. Nach einiger Zeit kommen alle SS-Männer zurück.

Sie verteilen neue Nummern an uns, ganz rot mit schwarzen Ziffern, die ganz abgenutzt waren. Wir müssen sie sofort an die Jacken und Hosen annähen. An diesem Tag erhalten wir einen halben Liter Suppe, wieder von alten Kartoffeln.

Am nächsten Tag teilen sie uns nach dem Appell in zwei Gruppen ein. Diese Gruppe, der ich zugeteilt worden bin, kehrt in die Baracken zurück, während die zweite Gruppe unter Bewachung aus dem Lager geführt wird. Für mich war das sehr schlimm, da ich mich fragte, ob mein Schwager, der in den letzten Tagen sehr schwach und gebrochen war, das überleben würde. Später erfuhr ich, dass er es nicht überlebte.

Schon ein paar Minuten nach dem Abgang hörten wir einzelne Schüsse. Wir, die Zurückgebliebenen, durchsuchten das ganze Lager, in der Hoffnung, etwas Eßbares zu finden. Leider ergebnislos. Bei dieser Suche hörte ich Geräusche, ähnlich dem Aufbrechen einer Tür. Als ich näher kam, sah ich eine Gruppe Häftlinge, die in eine Baracke hineinging. Es stellte sich heraus, dass es ein Lager mit getrocknetem Gemüse war. Da ich kein Geschirr bei mir hatte, riß ich einen Ärmel von meinem Hemd ab und packte ein, was ich konnte. Ich musste dann sofort wieder heraus, da viele Leute nachkamen und mich nach vorne drückten. Ich weiß bis heute nicht, wie es mir gelang, aus dieser Baracke herauszukommen. Neugierig schaute ich in meinen Ärmel. Es stellte sich heraus, dass ich kleine Stücke Knoblauch erwischt hatte. Nachdem ich probiert hatte, ob dies eßbar wäre, habe ich einen halbvollen Napf mit auf die Reise genommen.

Am nächsten Tag, nach dem Appell, mussten wir aus dem Lager, es blieben nur die Kranken im Krankenrevier zurück. Wir wurden in Gruppen von jeweils hundert Leuten, zu fünft in einer Reihe, aufgestellt, die Bewachung erfolgte durch SS-Wachposten, für jeweils 10 Häftlinge.

Die ganze Zeit, während wir aus dem Lager gingen, begleiteten uns Schüsse. Die SS-Männer mordeten die ganz Schwachen, die nicht mehr die Kraft hatten, weiterzugehen und daher zurück blieben. Der Abend nahte, und wir gingen immer weiter, an beiden Seiten des Weges sah man weggeworfene Textilien, Holzschuhe, Eßgeschirr, weil es sehr heiß war. Nachts, immer mehr Schüsse, immer mehr Leichen, die Ausbrüche mehrten sich. Alle sind sehr müde, sogar die Wachen, trotzdem sie ihre Rucksäcke sowie das sonstige Gepäck von den Häftlingen tragen lassen.

So vergeht ein Tag, eine Nacht und ein weiterer Tag. Erst abends dürfen wir stehenbleiben. Wir erfahren, dass wir hier die Nacht verbringen werden – aber wo? Rechts und links des Weges sind nasse Wiesen und Sumpf. Es stellt sich heraus, dass wir gerade in diesem Sumpf übernachten werden. Die Deutschen stoßen uns in dieses Wasser und diesen Matsch hinein. Jeder sucht einen trockenen Ort, irgendeine Erhöhung, und setzt sich dorthin. Wir sind durchnäßt, es ist sehr kalt. Niemand darf aufstehen oder sich die Füße vertreten. Früh, als es hell wurde, befehlen die SS-Männer „Aufstehen". Es beginnt eine wahre Hölle. Die SS-Männer schreien, schlagen und schießen, manche Häftlinge können nicht aufstehen. Die, die stehen, stellen sie wieder in eine Gruppe, die, die sitzen, werden erschossen. Ich befand mich in der ersten Hundertschaft. Noch bevor alle Häftlinge aufgestellt waren, kam ein älterer SS-Mann auf einem Motorrad an die Spitze und sagte, dass er acht starke Leute zur Arbeit brauchte. Es meldete sich die gesamte Hundertschaft, auch ich. Jeder dachte, dass er, wenn er arbeiten würde, etwas zu essen bekommen würde. Wir stellten uns in eine Reihe und warteten darauf, wen er zur Arbeit bestimmen würde. Der Deutsche geht an jedem Einzelnen von uns vorbei, schaut ihn an und fragt, ob er Russe sei. Wenn nicht oder wenn ihm das Gesicht nicht gefällt, lehnt er ihn ab. Es kam die Reihe an mich. Als er fragte, ob ich Russe sei, antwortete ich, dass ich Pole sei; da wollte er mich ablehnen. Irgendwie überzeugte ich ihn, dass ich stark und gesund sei. So wurde ich zur Arbeit ausgewählt, ich wusste nur nicht, zu welcher.

Inzwischen setzte sich die Gruppe in Bewegung und ging an uns vorüber. Es dauerte sehr lange, bis sie uns überholte. Hinter den Häftlingen ging eine spezielle Gruppe der SS-Männer, die die Zurückgebliebenen erschoss. In einigem Abstand zu diesen kam ein Pferdewagen mit sechs SS-Männern, gefolgt von vier Häftlingen, denen wir uns anschließen mussten. Ein Deutscher informierte uns über unsere Arbeit. Wir sollten immer sieben Leichen auf den Wagen heben und die Leichen begraben. Unter uns waren neun Russen, drei Polen und ein ungarischer Zigeuner. Während einer Ruhepause erfuhr ich, dass bei diesem Kommando 12 Leute waren, von denen acht erschossen worden waren, weil sie keine Kraft mehr gehabt hatten. Auch erfuhr ich, dass sie in einer Scheune übernachtet und einen Kessel gekochter Kartoffeln erhalten hatten. Da ihnen noch etwas übrig geblieben war, gab ich ihnen etwas Knoblauch und erhielt dafür zwei Kartoffeln.

Arbeit hatten wir sehr viel. Sehr müde und ausgepumpt kamen wir abends in einen kleinen Ort, wo man uns in das dortige Gefängnis einsperrte. Die andere Gruppe ging weiter. Vor dem Schlafengehen erhielt jeder von uns sechs große, gekochte Kartoffeln. Morgens wurden wir durch Schreie in unserer Zelle geweckt, wir mussten uns schnell anziehen, da uns sehr viel Arbeit erwartete. Als wir aus dem Städtchen herauskamen, bot sich uns ein schrecklicher Anblick. Alle paar Schritte lag ein Toter. Wir hatten keine Möglichkeit, sie auf den Wagen zu nehmen. Wo sie lagen, wurden sie begraben.

14. Richard Grune: Todesmarsch, Lithographie 1945/47.

Andere legten die Leichen auf einen Haufen. Es wurde Mittag, bis wir weitergingen, und nach der letzten schweren Arbeit wurde es etwas leichter.

Höchstwahrscheinlich wurden alle Erschöpften erschossen. Am späten Abend wurden wir wieder eingesperrt, diesmal im Gefängnis von Cham. Wir erhielten ein kleines Stückchen Brot und ein paar Kartoffeln. Da es abends sehr geregnet hatte, versuchten wir, unsere Kleider etwas zu trocknen. Die Nacht ging sehr schnell vorüber.

Am frühen Morgen, als es noch dunkelte, kamen die Deutschen zu uns herein. Sie waren ängstlich. Mit ständigem Schreien trieben sie uns auf den Hof, wir konnten kaum unsere nassen Kleider anziehen. Die Deutschen befahlen uns, Hammer und Pickel auf die Schulter zu nehmen. Sie selbst setzten sich auf den Pferdewagen und mit Peitschenhieben zwangen sie uns und die Pferde zur Eile. Hinter dem Wagen herlaufend verließen wir das Städtchen. Ich weiß nicht, wie viele Kilometer wir liefen, aber ich spürte, dass meine Kräfte mich verließen. Wenn hinter mir kein Russe gelaufen wäre, der mich jeden Moment stieß und anschrie, geh oder sie ermorden dich, hätte ich sicher das Los meiner Kameraden geteilt. Obwohl unterwegs so viele Tote lagen, mussten wir sie nicht mehr begraben. Endlich, ich weiß nicht, wie lange es dauerte, kamen wir in einen Wald. Dort trafen wir die Häftlinge, die vor uns gegangen waren. Ihnen mussten wir uns anschließen. Die Deutschen erwarteten weitere Befehle. Sie umzingelten uns mit ihren schußbereiten Gewehren und wussten nicht, was sie mit uns machen sollten. Da wir am Rand des Waldes lagen, sahen wir einen Personenwagen herankommen. Ein Offizier stieg aus und gab den Befehl, uns alle zu liquidieren, um dann gleich wieder abzufahren. Die Wachposten mühten sich, die Gruppe so hinzustellen, dass sie vor den Maschinengewehren zum Stehen käme, die, die liegen blieben, töteten sie sofort. Als die ersten Schüsse aus dem Maschinengewehr zu hören waren, schrie einer von uns, liegen zu bleiben und nicht aufzustehen. Die Wachen waren darauf nicht vorbereitet und schossen auf die Liegenden, aber auf der Straße sahen wir schon amerikanische Panzer und niedrig fliegende Flugzeuge. Die Wachen flohen, wir liefen in den Wald, damit sie uns nicht erwischen könnten, wenn sie doch noch zurückkämen. So endete unser Todesmarsch. Wir waren frei.

Nach ein paar Minuten trafen schon die Amerikaner ein. Später erfuhr ich, dass von 16000 Häftlingen, die den Todesmarsch antraten, 4000 mit dem Leben davon kamen. Ich überlebte.

(Auszug aus dem Erinnerungsbericht, o.J.; Übersetzung aus dem Polnischen von Otto Schwerdt, bearbeitet von Sylvia Seifert; Archiv der Arbeitsgemeinschaft)

Raisa Iwanowna Bogdanowa

Sehr verehrte Mitarbeiter der Arbeitsgemeinschaft!
Ich habe Ihren Fragebogen kennengelernt und bedauere sehr, daß ich nicht auf Ihre grundlegenden Fragen antworten kann, weil ich erst 1943 geboren wurde.

Ich bin seit vielen Jahren auf der Suche nach meinen Verwandten und deshalb weiß ich inzwischen einiges von mir und meiner Mutter.

Ich, Kulischewa Raisa, wurde 1943 geboren und bin am 10.2.1948 aus Deutschland, aus dem Lager 226 der Stadt Brandenburg, in das Gebiet um Kalingrad (ehemals Königsberg) in ein Kinderheim gebracht worden.

Als wir in dem Kinderheim ankamen, haben wir uns viel auf Deutsch unterhalten. Die älteren Mädchen und Jungen waren nach dem Krieg sehr erbost und haben uns „Deutsche" bei jedem Anlaß geschlagen. Angstgefühle begleiteten mich viele Jahre.

Irgendwann in der fünften Klasse gelang es mir, mit meinen persönlichen Angelegenheiten im Kinderheim bekannt zu werden. Dort lag ein Dokument auf Deutsch mit einer von der Erzieherin vorgenommenen Übersetzung auf Russisch. Auf dem Dokument war mein Foto. Dem Foto nach war es schwer, das Alter des Kindes zu schätzen. Auf dem Foto sah einen ein lebender Leichnam an, wie aus einem Konzentrationslager. Das Alter des Kindes mag zwei oder drei Jahre betragen haben. Es war unmöglich, das Foto ohne Tränen anzuschauen.

Das Dokument war am 12.12.1945 ausgestellt, von der Sozialabteilung Berlin-Pankow. Eine Bewilligung für Unterhalt, zu zahlen an Frau Friede Ross, wohnhaft in Berlin, Heinersdorf, Fasoltstrasse 27. Es ist die Erlaubnis (die jederzeit zurückgenommen werden konnte) für die Aufnahme des Kindes Raisa Kulischewa, ungefähr drei Jahre alt. Die Erlaubnis gilt wirklich nur für das oben genannte Kind bei tatsächlichem Zusammenleben mit der Pflegemutter.

In dieser Familie lebte ich bis Dezember 1947. Dann hatten mich die Verwaltungsbehörden der Sowjetunion der Familie gewaltsam weggenommen und in ein Kinderheim gesteckt.

In der Familie wurde ich gut behandelt, wie eine Tochter. Da war ich glücklich, da fand ich Eltern, seelischen Frieden.

Ich kann mich an meine leibliche Mutter überhaupt nicht erinnern, und als man mich mit Gewalt zu einer zweiten Pflegemutter brachte, wurde mir abermals eine tiefe seelische Wunde zugefügt, die mir mein ganzes Leben zu schaffen macht.

Diese Wunde verursachte in mir den unstillbaren Wunsch, nach meinen leiblichen Eltern zu suchen.

So begann 1964 mit Hilfe der Hauptverwaltung der Miliz der Stadt Moskau, Ogarjowastraße 6, die Suche nach meinen Eltern.

Diese Nachforschungen waren nicht von Erfolg gekrönt. Durch das Rote Kreuz erfuhren wir jedoch, daß Frau Frieda Ross noch unter der gleichen Adresse in Berlin wohnte wie 1945.

Höhere Behörden gestatteten mir einen Briefwechsel mit meiner ehemaligen Pflegemutter, und 1969 erhielt ich von ihr den ersten Brief, von der Frau, die mich in den schweren Nachkriegsjahren ernährt, sich um mich gekümmert, mir geholfen hat wie eine Mutter. Sie schlug mir vor, sie in Berlin mit meiner Familie zu besuchen. Materiell führten mein Mann und ich (zu jener Zeit) ein schweres Leben.

Nun möchte ich zum Jahr 1959 zurückkehren, als ich 16 Jahre alt war und die neunte Klasse beendete. Damals schickte man mich als Lehrling der Spinnerei in eine Spinn- und Webfabrik. Tagsüber arbeitete ich und am Abend besuchte ich die zehnte Klasse einer Schule für die Arbeiterjugend.

Ich lebte im Wohnheim, in einem Zimmer (12 m^2) mit zwei anderen Mädchen. Bald steckte man zu uns aus irgendeinem Grund noch eine junge Frau mit einem dreijährigen Kind, angeblich vorübergehend. Genau wie im Kinderheim hatten wir dort eine gemeinsame Toilette, einen Gemeinschaftswaschraum und eine Gemeinschaftsküche. In der Stadt gab es ein Bad, wo wir hingingen, um uns und unsere Wäsche zu waschen.

Beim Verlassen des Kinderheimes gab man mir einen Herbstmantel, ein Kleid, Schuhe und andere Kleidungsstücke, von allem ein Exemplar. Im Winter habe ich die ganze Zeit gefroren, es war so schwer, auf die Straße zu gehen. Als wir das Kinderheim verlassen hatten, wußten wir nicht, wie uns geschehen war. Die Jahre vergingen und wir begannen zu verstehen, wie alle versucht hatten, uns zu kränken und in unseren Rechten einzuschränken. Alle Waisenkinder hatten weder moralische noch materielle Unterstützung, wir konnten uns nur gegenseitig helfen.

1961 habe ich geheiratet. Ich habe zwei Töchtern das Leben geschenkt (1962 und 1966). Materiell gestaltete sich unser Leben anfangs schwer, aber wir hatten ein Sprichwort „Mit dem Liebsten ist in einer Hütte das Paradies". Um das Jahr 1971 ging es uns ein bißchen besser. Alle Familienmitglieder hatten Winterkleidung, warme Wäsche, normales Essen, unser Leben hatte sich um vieles verbessert.

Doch plötzlich, im April 1971, stirbt ganz unerwartet mein Mann. Mein Mann war 1938 geboren. Auch an ihm hat der Krieg seine Spuren hinterlassen, obwohl er Eltern hatte. Mit der Zeit machte sich bei ihm eine schwere Krankheit bemerkbar, eine Nierenentzündung, die einen erhöhten Blutdruck zur Folge hatte (220 auf 180).

Seit 1969 arbeite ich in der Viehzucht als Tierpflegerin. Die Arbeit gefiel mir. Ich habe Medaillen von der Ausstellung Errungenschaften des Volkes (WDNCH der Stadt Moskau) für große Leistungen im Arbeitsleben.

Nach dem Tod meines Mannes ging das Leben weiter, natürlich schwerer, sowohl in moralischer als auch in materieller Hinsicht. Das Einkommen nach dem Verlust des Ernährers betrug 37 Rubel und 60 Kopeken für zwei Kinder. Ich mußte ohne Urlaub und ohne Feiertage arbeiten, um eine befriedigende Versorgung der Kinder zu gewährleisten. Abermals hätte ich moralische Unterstützung gebraucht.

1972 besuchte ich meine Pflegemutter Frau Ross in Berlin.

Nach dem Besuch meiner zweiten Mutter fiel es mir wie Schuppen von den Augen: Ich bekam moralischen Beistand. 1979 starb Frau Ross. Sie war 77 Jahre alt.

Meine Kinder sind groß geworden. Sie haben eine mittlere technische Ausbildung erhalten. Beide haben ihre eigene Familie. Ich habe drei Enkelkinder: 1998 und 1988 wurden mir zwei Enkeltöchter geboren, 1987 ein Enkelsohn.

Als es zur Wiedervereinigung Deutschlands kam, schien die Fortsetzung meiner Suche nach den Eltern wieder möglich.

Vom Internationalen Suchdienst in Arolsen bekam ich im September 1998 die erste Nachricht über meine Mutter und über meine Geburt: Meine Mutter Kulischowa, Kulischewa Anna, geboren am 12.9.1923, wurde am 11.7.1942 in das Konzentrationslager Ravensbrück überführt. Ihre Lagernummer war 12463.

Wie ich überlebt habe, wer mich nach meiner Geburt gerettet hat, davon ist nichts bekannt. Ich möchte es erfahren und werde keine Anstrengung scheuen, wenigstens etwas Klarheit zu erhalten, zumindest über das Schicksal meiner Mutter.

Viele Staatsarchive der Russischen Föderation und die der Ukraine legen Zeugnis dafür ab, daß über das Schicksal meiner Mutter; Kulischowa Anna, geboren am 12.9.1923, nichts bekannt ist.

Es sieht also so aus, daß meine Mutter nicht in ihre Heimat zurückgekehrt ist, sondern entweder in Deutschland geblieben oder nach Frankreich oder Amerika gefahren ist. Viele Häftlinge sind nicht in ihre Heimat zurückgekehrt, weil sie wußten, daß in der Heimat neue Lager auf sie warten.

So hat der Krieg, wie Sie sehen, mir alles genommen: Mein Elternhaus, Eltern, Wärme, alles das, was die Grundlage des Lebens ausmacht, den unverzichtbaren Teil jedes Menschen, egal welcher Nation oder Staatszugehörigkeit. Es ist sehr schwer und kann einfach durch nichts ersetzt werden. Die Verbindungen zum Krieg haben mein ganzes Leben durcheinandergebracht. Wie viele Leiden, Tränen, Erinnerungen und Kummer ... Habe ich wirklich im Alter keine Ruhe und Achtung verdient?

Ich möchte doch nur in Würde alt werden. Jetzt bin ich Rentnerin, dem Alter nach. Ich habe 40 Jahre gearbeitet, meine Rente beträgt 535 Rubel, was weit unter dem Existenzminimum liegt.

Ich bin Mitglied in einem örtlichen Moskauer Verein ehemaliger minderjähriger Gefangener des Faschismus. Ich nehme an Treffen älterer ehemaliger Häftlinge der faschistischen Konzentrationslager teil und an Treffen mit Schülern der Schule Nr. 1094 der Stadt Moskau, wo es ein Museum gibt, das den ehemaligen Häftlingen des Faschismus gewidmet ist. Ich unterhalte Verbindungen mit einigen Erzieherinnen des Kinderheimes, die mich erzogen haben.

Am 11. April ist der Internationale Tag der Befreiung der Gefangenen der faschistischen Konzentrationslager. Wir treffen uns auf dem Poklonnij Berg in Moskau, dort findet immer eine Versammlung statt.

Am 9. Mai ist der Tag des Sieges, an dem sich alle Stadtteile bei den jeweiligen Denkmälern der Opfer der Kriege versammeln. Es werden Veranstaltungen abgehalten.

Ich habe die Zeitung „Schicksal" („Sudba") abonniert, eine Zeitung ehemaliger minderjähriger Gefangener des Faschismus, um über alle Veranstaltungen und Vorgänge im Bilde zu sein. (...)

Ich habe die Konzentrationslager, die sich auf dem Territorium Deutschlands und anderer Länder befanden, nicht besucht, aber ich führe Briefwechsel mit Archivdiensten von Konzentrationslagern auf der Suche nach meiner Mutter und Verwandten.

Die Frage der Vergeltung der Leiden ist offen geblieben, sie ist bis heute nicht entschieden.

Bis zum heutigen Tag ist das Schicksal meiner leiblichen Mutter und meines Vaters unbekannt und läßt mir keine Ruhe. Und womit könnte man diese Leiden überhaupt vergelten?

Ich hätte nichts gegen einen Besuch in meiner historischen Heimat einzuwenden. Besser aber wäre es, sich dort niederzulassen, wo meine Mutter geblieben ist.

Welche Kriege auch immer gewesen sein mögen, die seelischen Leiden der Kinder bleiben das ganze Leben.

Ich wende mich an Sie mit der Bitte, mir bei der Erforschung des Schicksals meiner Mutter, Kulischowa Anna, zu helfen, wenn das möglich sein sollte.

Mit tiefer Verehrung
28.X.99
Unterschrift
Anlagen

Anmerkungen

1 Danuta Czech, Kalendarium, S. 619.

2 Laut Brenner erfolgte am 9.10.1944 die Registrierung in Mittweida. Die Arbeitsaufnahme erfolgte in diesem Kommando am 13.10.1944 (vgl. Füßl, B., Hanisch, G., Reitberger, H.: Spurensicherung. Außenkommandos des Konzentrationslagers Flossenbürg, Hustedt 1985 (unveröffentl. Manuskript)).

3 Laut Brenner wurden am 10. Oktober 1944 aus dem KZ Auschwitz II 550 weibliche jüdische Häftlinge und 13 weibliche Funktionshäftlinge in die Landgrabenstraße in Nürnberg zu den Siemens-Schuckert-Werken in Marsch gesetzt. Nach den schweren Bombardierungen im Herbst 1944 und Frühjahr 1945 wurde das Kommando am 4.3.45 aufgelöst und die Gefangenen in die Außenkommandos Holleischen und Mehltheuer transportiert.

4 Alle Angaben sind vom Internationalen Suchdienst des Roten Kreuzes (ITS) bestätigt worden.

5 Danuta Czech, Kalendarium, S. 357.

6 Danuta Czech, Kalendarium, S. 915.

7 Die Firma Zeiss-Ikon errichtete im Oktober 1944 zwei Außenlager in Dresden, die beide mit weiblichen Häftlingen belegt wurden. Sie erhielten die Bezeichnungen Werk Goehle und Werk Reick; produziert wurden Zünder für Bomben und Granaten. 47 Aufseherinnen überwachten die insgesamt 1.100 Häftlingsfrauen, hauptsächlich aus Russland, der Ukraine und Polen, in der Produktion und im Lager. Am 14. April erfolgte die „Evakuierung" nach Theresienstadt.

8 Vgl. Eintrag im Aufnahmebuch des Gefängnisses Regensburg.

9 Vgl. dazu die Angaben bei Andreas Heusler, Ausländereinsatz, S. 39 f.

10 Ergänzende Angaben machte Herr Lubennikow in einem Interview im August 2001: Seine Aufgabe bei der Firma „Bauscher" bestand darin, die Teller und Schüsseln zum Brennen auf Gestelle aufzuschichten. Den Feierabend verbrachte er mit seinen Kameraden beim Schachspiel, das er heimlich aus Ton formte und brannte. Der Gewinner konnte zwischen Limonade oder Leichtbier wählen; anderes konnte man im betriebseigenen Kiosk nicht erwerben.

11 Die Fahrt erfolgte per Bahn bis Passau, danach mit einer Zahnradbahn nach Obernzell.

12 Dafür erhielt er Brot, manchmal Wurst oder ein zusätzliches Kleidungsstück. Der Müller hatte vier Kinder, für Willi fertigte er aus Metallabfällen ein Fahrrad.

13 Laut Eintrag in das Eingangsbuch des Gefängnisses Regensburg am 14.2.1945.

14 Am 20. Februar 1945 in Flossenbürg registriert, ITS.

15 Auf Nachfrage beim Internationalen Suchdienst des Roten Kreuzes wurde uns mitgeteilt, dass Herrn Mostowjenko bereits am 28.7.1998 ein Dokumentenauszug zugesandt wurde.

16 Vermutlich ehemalige Wlassow-Soldaten im Dienst der SS.

17 Vermutlich am 20. April mit der allgemeinen „Lagerevakuierung", die Befreiung erfolgte demnach am 23. April in der Nähe von Cham.

18 Es handelt sich hierbei um das Außenlager Hersbruck in der Nähe von Nürnberg. Ab Mai 1944 begannen umfangreiche Arbeiten für bombensichere Produktionsstätten im Gebirgsstock „Houbirg", an denen weit über 5000 Gefangene eingesetzt waren, um ein unterirdisches Stollensystem zu erstellen. In der Zeit vom 8. bis 16. April 1945 wurden die Gefangenen nach Dachau „evakuiert".

19 Ein kleinerer Teil der Gefangenen wurde mit dem Zug zur Haltestelle Höfen gebracht, von dort marschierte die Gruppe zur Arbeit im Stollen N in der Houbirg.

20 Erinnerungsbericht von F. Berger, in: Man muß darüber reden. Schüler fragen KZ-Häftlinge, hrsg. von Monika Horsky.

Quellenverzeichnis

Archiv der Arbeitsgemeinschaft ehem. KZ Flossenbürg e.V.

Bundesarchiv Koblenz, Bestand Flossenbürg

Staatsarchiv Amberg

Literaturverzeichnis

Brenner, Hans: Frauen in den Außenlagern des KZ Flossenbürg, hrsg. v. Arbeitsgemeinschaft ehem. KZ Flossenbürg e.V., Regensburg 1999

Brenner, Hans: Der „Arbeitseinsatz" der KZ-Häftlinge in den Außenlagern des Konzentrationslagers Flossenbürg – ein Überblick, in: Herbert, U., Orth, K., Dieckmann, Ch. (Hrsg.), Die nationalsozialistischen Konzentrationslager – Entwicklung und Struktur, Bd. II, S. 682-706

Czech, Danuta: Kalendarium der Ereignisse im KZ Auschwitz-Birkenau 1939-1945, Hamburg 1989

Horsky, Monika (Hrsg.): Man muß darüber reden. Schüler fragen KZ-Häftlinge, Wien 1988, in: Dokumente, Berichte, Analysen. Bd. 2, hrsg. v. Franz Richard Reiter

Heusler, Andreas: Ausländereinsatz. Zwangsarbeit für die Münchner Kriegswirtschaft 1939-1945, in: Quellen und Forschungen zur Geschichte der Stadt München, Bd. 1, München 1996

Jureit, Ulrike: Erinnerungsmuster. Zur Methodik lebensgeschichtlicher Interviews mit Überlebenden der Konzentrations- und Vernichtungslager, Hamburg 1999 (Forum Zeitgeschichte, Bd. 8)

Kogon, Eugen: Der SS-Staat. Das System der deutschen Konzentrationslager, Berlin 1947

Niethammer, Lutz: Juden und Russen im Gedächtnis der Deutschen, in: Walter H. Pehle (Hg.), Der historische Ort des Nationalsozialismus: Annäherungen, Frankfurt/Main 1990, S. 114-134

Siegert, Toni: 30 000 Tote mahnen! Weiden ^{4}1984

Vorländer, Herwart (Hg.): Oral History. Mündlich erfragte Geschichte, Göttingen 1990

Weinmann, Martin (Hg.): Das nationalsozialistische Lagersystem, Frankfurt/M. 1998

Fotonachweise

Archiv der Arbeitsgemeinschaft ehem. KZ Flossenbürg e.V., S. 14, 15, 29, 32, 36, 80, 105, 131

Archiv der Gedenkstätte Dachau, S. 59

Bundesarchiv, S. 22, 43, 61, 68, 69, 101, 108

Staatsarchiv Amberg, S. 34

Arbeitsgemeinschaft ehem. KZ Flossenbürg e.V.

Die „**AR**beits**GE**meinschaft ehemaliges KZ Flossenbürg e.V." gründeten 1986 vor allem junge Gewerkschafter, nach neuerlichen Schändungen der Grab- und Gedenkstätte ist sie seit Anfang der 80er Jahre als Arbeitskreis zur Erforschung der Geschichte des Lagers organisiert. Später kamen Mitglieder von Geschichtsinitiativen und Institutionen wie der Bezirkstag der Oberpfalz dazu.

Flossenbürg drohte Anfang der 80er Jahre als zweites KZ-Hauptlager in Bayern völlig vergessen zu werden: Die Grabanlage glich einem Park, der „Bayerischen Schlösser- und Seenverwaltung" unterstellt; eine pädagogische Betreuung fehlte und Besucher blieben sich selbst überlassen; die kleine Ausstellung und Hinweisschilder erfüllten ihren Zweck kaum. „Vom KZ zur Parkanlage" und „Das vergessene KZ" hießen demzufolge die ersten Publikationen der ARGE.

Erfolglos blieb zunächst das Drängen, hauptamtliches Personal einzustellen, verstärkt politische Bildung zu betreiben und Ausstellung und Gedenkstätte auszubauen. Aufgrund der Erforschung vor allem der regionalen Bezüge von Flossenbürg – die wirtschaftlichen Verflechtungen in der Region, die Nachkriegsgeschichte des ehemaligen KZ-Geländes und die Außenlager – entstanden zwei Diavorträge und Ausstellungen, die zu Gedenktagen der DGB-Jugend Nordbayerns erstmals, seit 1987 in Bildungseinrichtungen öfter gezeigt wurden. Eine eigene, regional bezogene Führung zum ehemaligen KZ und seiner Umgebung wurde erarbeitet und seither zu vielen Anlässen durchgeführt.

Nach 1990/91 widmete sich die ARGE vor allem der Unterstützung der letzten Überlebenden. Außer den französischen und belgischen Verbänden hatten sich allenfalls einzelne ehemalige Gefangene nach Flossenbürg begeben, niemals war ein Treffen organisiert worden, Kontakte waren praktisch nicht vorhanden. Nach mehrjährigen Recherchen konnte die ARGE 1995 das erste Überlebendentreffen durchführen, an dem anlässlich der Befreiung des KZ mehrere hundert Überlebende aus drei Kontinenten, darunter erstmals aus Mittel-, Ost- und Südosteuropa teilnahmen.

Beim Überlebendentreffen 1997 übergaben die Präsidenten und Vorsitzenden der Vereinigungen ehemaliger Gefangenen eine Resolution. Deren Forderungen – Erweiterung der Gedenkstätte, Errichtung eines Forschungs- und Dokumentationszentrums, jährliches Überlebendentreffen – hat die bayerische Staatsregierung schließlich zugestimmt und mit ihrer Umsetzung begonnen.

In den kommenden Jahren wird sich die ARGE Forschungsaufgaben (Todesmärsche) zuwenden, den Überlebenden „Eine Stimme geben" (Publikation von Zeitzeugenberichten) und ein regionales Gedenkstättenkonzept ausarbeiten.

Die ARGE ist überparteilich, die Mitglieder arbeiten ehrenamtlich; die Finanzierung von Aktionen erfolgt durch Beiträge, Spenden und Zuwendungen.

Kontakt:
Arbeitsgemeinschaft ehem. KZ Flossenbürg e.V.,
Rote-Hahnen-Gasse 6, D-93047 Regensburg
Tel. 0941-58264 Fax 0941-567398

Spendenkonto: SEB Regensburg
BLZ 75010111 Konto 1001451400